DER

RHEINSTEIG

BONN – WIESBADEN

Klaus Ernst

KOMPASS Wanderführer

RheinSteig

Klaus Ernst

ist Freier Journalist und geprüfter Wanderführer des Deutschen Wanderverbandes. Er arbeitete lange in der Sportberichterstattung im In- und Ausland. Als aktiver Wanderführer in einem der ältesten deutschen Wandervereine durchstreift er regelmäßig an den Wochenenden Wald und Flur. Zu seinen Lieblingsbeschäftigungen gehören weite Fernwanderungen, die er, allein auf sich gestellt, mit Rucksack, Kompass und Karte oft wochenlang ausdehnt. Auch der Spanische Jakobsweg gehörte schon in voller Länge dazu.

Klaus Ernst ist verheiratet und hat zwei erwachsene Kinder. Den Rheinsteig hat er wiederholt »von Unterkunft zu Unterkunft«, also ohne Unterbrechungen, dafür bei Wind und Wetter begangen. So kann er aus der Praxis heraus gut beurteilen, was sich der/die normale Wanderer/in zumuten kann, ohne sich zu übernehmen.

1. Auflage 2007 · ISBN 978-3-85491-445-7 Verlagsnummer 1080

Text und Fotografie: Klaus Ernst · Lektorat: Walter Theil

Bildnachweis: Alle Aufnahmen vom Autor.
Titelbild: Ausblick vom Drachenfels; Bild Seite 1: Blick von Rhönorf zum Drachenfels; Bild Seite 3: Der Rheinsteig ist hervorragend ausgeschildert.

»Rheinsteig« ist eine eingetragene Marke der Rheinland-Pfalz Tourismus GmbH.
Info: Rheinsteig®-Büro, c/o Rheinland-Pfalz Tourismus GmbH, Löhrstr. 103-105, 56068 Koblenz, Tel: +49(0)180 5-648 328 (14 Cent/Min.), Fax: +49(0)261-915 20 41, E-mail: info@rheinsteig.de · www.rheinsteig.de
Wir bedanken uns für die Abdruckgenehmigung des Rheinsteig-Logos.

Grafische Herstellung: wt-BuchTeam
Wanderkartenausschnitte: © KOMPASS-Karten GmbH
Höhenprofile: wt-BuchTeam

Alle Angaben und Routenbeschreibungen wurden nach bestem Wissen gemäß unserer derzeitigen Informationslage gemacht. Die Wanderungen wurden sehr sorgfältig ausgewählt und beschrieben, Schwierigkeiten werden im Text kurz angegeben. Es können jedoch Änderungen an Wegen und im aktuellen Naturzustand eintreten. Wanderer und alle Kartenbenützer müssen darauf achten, dass sich aufgrund ständiger Veränderungen die Wegzustände bezüglich Begehbarkeit sich nicht mit den Angaben in der Karte decken müssen. Bei der großen Fülle des bearbeiteten Materials sind daher vereinzelte Fehler und Unstimmigkeiten nicht vermeidbar. Die Verwendung dieses Führers erfolgt ausschließlich auf eigenes Risiko und auf eigene Gefahr, somit eigenverantwortlich. Eine Haftung für etwaige Unfälle oder Schäden jeder Art wird daher nicht übernommen. Für Berichtigungen und Verbesserungsvorschläge ist die Redaktion stets dankbar.
Korrekturhinweise bitte an folgende Anschrift:

Walter Theil, Irmengardstraße 9, 84518 Garching/Alz (Deutschland)
Telefon 0049-(0)8634/68 98 03 · Fax 0049-(0)8634/68 98 04
E-mail: info@wt-buchteam.de · www.wt-buchteam.de
oder an
KOMPASS-Karten GmbH, Kaplanstraße 2, 6063 Rum/Innsbruck (Österreich)
Telefon 0043-(0)512/26 55 61-0 · Fax 0043-(0)512/26 55 61-8
E-mail: kompass@kompass.at · www.kompass.at

Vorwort

Der neue Rheinsteig beginnt am Bonner Rathaus. Vor Ihnen liegen etwa 307 km herrlicher Wanderwege zuzüglich der Kilometer zu und von den Hotels, insgesamt also etwa 320 km. Durch das ständige Auf und Ab einer Mittelgebirgslandschaft mit tief eingeschnittenen Quertälern sind sie nicht unbedingt leicht zu bewältigen.Der Rheinsteig ist kein neu gebauter Weg, sondern verläuft auf zum Teil recht alten Strecken. Er ist exzellent beschildert und bietet Genusswandern pur aus einem Guss. Die Tagesetappen sind lediglich Vorschläge. Mit Hilfe der Hotelangaben kann man sie problemlos verlängern oder verkürzen.

Der Autor, geprüfter Wanderführer des Deutschen Wanderverbandes, hat den Rheinsteig von Bonn bis Wiesbaden oft begangen und legt Wert darauf, den Weg sowohl im Gelände als auch besonders in Städten und Dörfern minutiös darzustellen. Das ist wichtig, weil immer wieder Wegweiser und Wanderzeichen abgerissen werden.

Die UTM-Angaben stammen teilweise von Wegweisern oder sind mittels GPS unterwegs ermittelt worden. Wo UTM-Daten auf Schildern veröffentlicht sind, werden diese Zahlengruppen genannt; sonst die KOMPASS-Zahlen. Alle Angaben beziehen sich auf Zone 32 Nord.

Als Gehgeschwindigkeit werden etwa 4 km pro Stunde (km/h) angenommen. In hügeligem Gelände reduziert sich das Tempo auf 3, steil bergan sogar auf 2 oder 2,5 km/h. Diese Angaben entsprechen dem normalen Wanderschritt. Durchtrainierte junge Leute sind schneller. Umgekehrt kann man bei moderatem Gefälle Geschwindigkeit deutlich aufholen, jedoch sei davor gewarnt, auf steil bergab führenden Steigen zu rennen, um Zeit einzusparen. Bei allen schönen Ausblicken in Natur und Landschaft: Lassen Sie niemals den Weg unmittelbar vor Ihren Füßen aus den Augen. Es gibt genügend Stellen, an denen, im Unterholz versteckt, ein Absturz von ein oder zwei Meter Tiefe lauert und dann wäre die Reise abrupt beendet.

Die beste Jahreszeit für eine Rheinsteigwanderung ist Mai bis Oktober. Aber man sollte nicht in erkennbar längerer Regenzeit gehen, weil manche steilen Wege dann teilweise rutschig sind. Zwei Wanderstöcke und feste Schuhe sind auf jeden Fall angeraten.

Übernachtungsmöglichkeiten sind nur auszugsweise und ohne Gewähr angegeben. Über Tourismusorganisationen oder Internet kann man weitere Hotels/Pensionen finden. Bonn und Wiesbaden werden wegen der großen Anzahl der Hotels nicht berücksichtigt, da dies ein eigener Führer würde.

INHALT

Seite

Der Inhalt des Wanderführers über den neuen Rheinsteig orientiert sich an den Interessen des normalen Wanderers, nicht des Hochleistungssportlers. Die Tagesetappen sind so angelegt, dass sie bequem mit einer durchschnittlichen Geschwindigkeit von drei bis vier Kilometer pro Stunde gegangen werden können und noch Zeit bleibt, hier und da eine Besichtigung, eine längere Rast an besonders schöner Stelle oder einen Abstecher zu einem interessanten Aussichtspunkt einzuflechten.

Streckenführung/Tagesetappen

Das Rheinsteig-Logo lässt sich in der Natur wiedererkennen.

Rheinsteig

1. Tag 17 km 5 Std.

Von Bonn nach Königswinter

Charakter: Anfangs einfach, überwiegend Asphalt, in der zweiten Hälfte mittel; Wanderpfade mit teils steilen Anstiegen.

Angenommen, Sie sind mit dem Zug zum Wanderstart nach Bonn gereist. Verlassen Sie den Hauptbahnhof geradeaus über einen Platz in die Poststraße. Nach etwa 200 Meter erreichen Sie den Münsterplatz mit dem Beethoven-Denkmal und rechts dem Münster. Falls Sie eine Unterkunft suchen, biegen Sie links in die Windeckstraße ein. Nach 50 m befindet sich dort die Tourist-Information. Hier erhalten Sie auch einen kostenlosen Stadtplan sowie einen Hotelführer des gesamten Rheinsteigs.

Kreuzen Sie jetzt den Münsterplatz nach rechts und verlassen ihn am anderen Ende links (gegenüber dem Münster) durch die Remigiusstraße. Sie passieren den Remigiusplatz (hier gibt es öffentliche Toiletten) und gelangen am Hotel Metropol vorbei auf den Marktplatz.

Rechts liegt das prächtige Renaissance-Rathaus mit barocken Fassadenelementen, an dessen Freitreppe der Rheinsteig beginnt. Hier findet man das erste Rheinsteig-Zeichen, ein stilisiertes weißes »R« auf blauem Grund. Seine senkrechte, geschwungene Form stellt den Rhein dar – recht eindrücklich gemacht.

Sie können nun entweder rechts um das Rathaus herum durch die Rathausgasse und die Rheingasse zur Rheinuferpromenade gehen oder aber den Marktplatz schräg links durch die Brüdergasse oder Wenzelgasse verlassen. In jedem Fall müssen Sie auf die »Berliner Freiheit« und dann, vorbei am Opernhaus, auf die Kennedy-Brücke gelangen. Hier haben Sie einen schönen Fernblick auf die früheren Gebäude des Bundestages und das Abgeordneten-Hochhaus (im Volksmund »langer Eugen« nach dem damaligen Bundestagspräsidenten Eugen Gerstenmaier genannt), den wesentlich höheren Post-To-

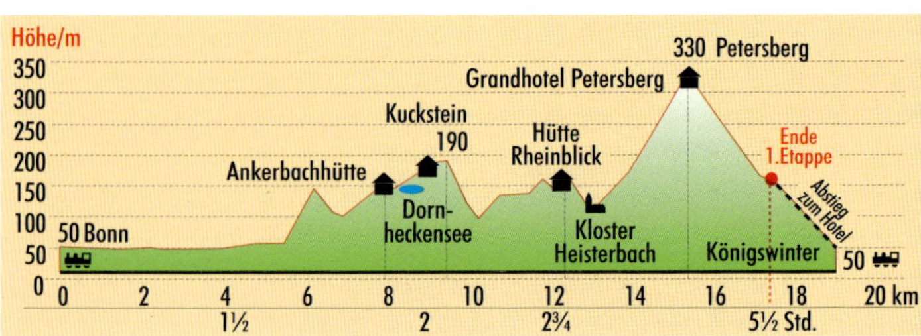

Am Renaissance-Rathaus in Bonn beginnt der Rheinsteig.

wer optisch unmittelbar dahinter und das Siebengebirge mit dem Drachenfels.

Auf der weiteren Wanderung werden Sie oft ein weißes »R« auf schwarzem Grund sehen. Dies ist dann der viel ältere RHEINHÖHENWEG, der streckenweise die gleichen Pfade wie der Rheinsteig nutzt. Sie beachten jedoch immer nur das blau/weiße Schild. Wenn Sie die Rheinsteig-Markierungen einmal für einige hundert Meter nicht mehr gesehen haben, ist irgendetwas faul. Meist haben Sie sich verlaufen und sollten zurückgehen. Leider.

Auf der Beueler Seite der Rheinbrücke nimmt man die Treppe hinunter zum Restaurant »Rheinlust« (im Sommer mit einem netten Biergarten direkt am Rhein und mit fairen Preisen) und auf den Rheinuferweg. Man folgt ihm rheinaufwärts bis kurz vor die nächste Rheinbrücke.

Bei Rhein-Kilometer 655 (weiß gestrichene Betontafel mit schwarzer Zahl auf der Wasserseite, mannshoch und daher für die Schiffsführer gut lesbar) sieht man, jetzt zum Greifen nahe, am gegenüberliegenden Rheinufer die früheren Gebäude des Deutschen Bundestages, das Abgeordneten-Hochhaus sowie den Turm der Postverwaltung. Man hält sich am Bootshaus der DLRG-Wasserrettung wiederum rechts auf den Treidel-Pfad. (Bevor es Dampf- oder Motorkraft gab, zogen Pferde die Rheinschiffe an langen Seilen stromaufwärts; das hieß »treideln«.)

Vor einer Autobahn-Rheinbrücke verlässt man den Treidelpfad und wendet sich, den Rheinsteig-Schildern folgend, nach links auf einen Asphaltweg, der nach **Ramers-**

Das **SIEBENGEBIRGE** hat etwa 40 Bergkuppen. Namensgeber waren DRACHENFELS, LÖWENBURG, WOLKENBURG. PETERSBERG, NONNENSTROMBERG, LOHRBERG UND ÖLBERG. Das Bergland entstand vor etwa 25 Millionen Jahren durch einen riesigen Vulkan mit Basalt, Latit und anderen harten Gesteinsarten in seinen Schloten. Nach seinem Erkalten erodierten Wind und Wetter die weicheren Gesteinsschichten; der Rhein half dabei seit 700.000 Jahren.
Menschen lassen sich im Siebengebirge seit 12.000 Jahren durch Knochenfunde bei Oberkassel nachweisen.

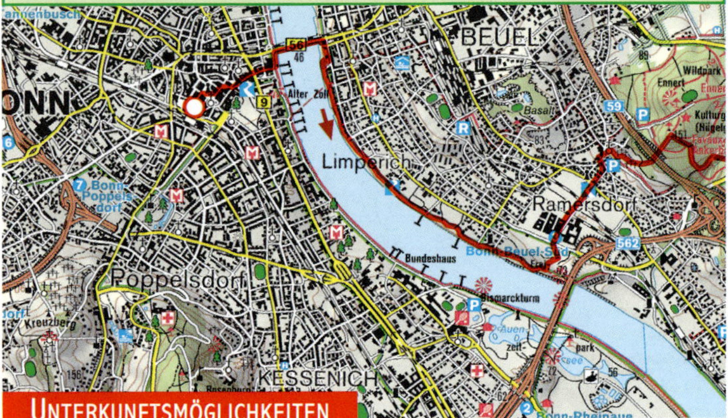

UNTERKUNFTSMÖGLICHKEITEN

Oberdollendorf
Pension Ley, Heisterbacher Str. 155; Tel.02223-26183
Niederdollendorf
Hotel Schönsitz, Schönsitzstr. 1
Tel. 02223-21510
Petersberg
Hotel Petersberg *****;
Tel. 02223-74-0
Königswinter
Bergischer Hof, Drachenfelsstr. 33;
Tel. 02223-22276
Hindenburg, Hauptstr. 357;
Tel. 02223-90994-0
Jesuiter Hof, Hauptstr. 458;
Tel. 02223-22650
Krone, Hauptstr. 374;
Tel. 02223-70097-0
Loreley, Rheinallee 12;
Tel. 02223-925-0
Maritim, Rheinallee 3;
Tel.02223-707-0

dorf führt. Wenig später hält man rechts auf einen Spielplatz zu, biegt dann an einem niedrigen Gebäude (Jugendverkehrsschule der Stadt Bonn) nach links auf einen Parkplatz ab und geht zu einer Ampelanlage. Der große »Glaskasten« ist das Zuhause der T-Mobile Telefon-Gesellschaft.

Man geht durch den gesamten Bürokomplex hindurch nach Osten und unterquert die rechtsrheinische Eisenbahnlinie, auf der alle paar Minuten Güterzüge dahindonnern. Die meisten schnellen Züge des Personenverkehrs benutzen die Strecke am linken Rheinufer. Der nächste Bahnübergang mit Schranke ist eine Stadtbahnstrecke von Bonn nach Bad Honnef.

Frühling in Oberkassel.

An einer Fußgängerampel (UTM 369274/5621101) überquert man die Königswinterer Straße und geht geradeaus die Straße Flutgraben weiter. An deren Ende biegt man links ab in die Gallusstraße.

Hinter einer S-Kurve liegt rechts die St.-Gallus-Kirche. Man kann entweder rechts neben der Kirche über den Friedhof bergan gehen – die erste, noch harmlose Steigung des Rheinsteigs – oder aber im Uhrzeigersinn um sie he-

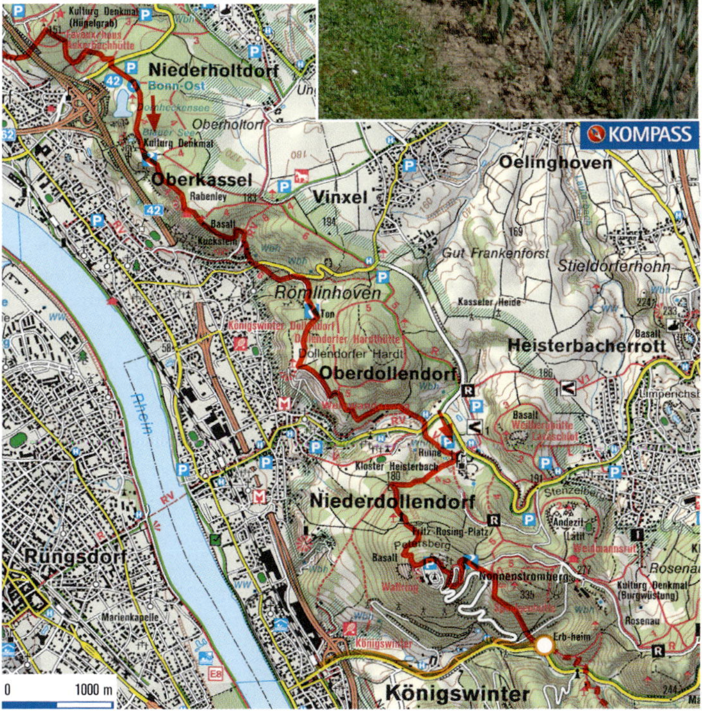

rum. Am jenseitigen Friedhofstor hält man sich für 20 m auf einer Asphaltstraße und biegt dann rechts ab in den Ankerbachtalweg. In einem Waldstück entlang der Autobahn, die man deutlich hört, muss man auf einen Abzweig nach links achten, der gut mit »Rheinsteig« beschildert ist. Dichter Efeu am Waldboden begleitet uns zu einigen Treppenstufen. Wenig später überquert man die Autobahn A 59.

Von nun an ist Schluss mit lustig: Es geht unaufhaltsam bergauf. Am Ende einer steilen Treppe aus recht neuen Holzbohlen steigt man durch lichten Mischwald zum **FOVEAUX-Häuschen**, das um das Jahr 1820 herum von Heinrich Foveaux aus Köln errichtet wurde. (UTM 369983/5621546)

Ein paar Meter hinter dem Bauwerk befinden sich, nicht besonders gekennzeichnet, jedoch gut zu erkennen, uralte Hügelgräber. Die Germanen lassen grüßen ...

Vom Foveaux-Häuschen wendet man sich nach rechts bergab und folgt einem 4 m breiten, befestigten Weg. Ein Kreuzweg wird geradeaus gequert. Bevor man die Autobahn erreicht, biegt man auf einem weiteren Kreuzweg nach links ab und trifft hier den älteren Rheinhöhenweg: Weißes »R« auf schwarzem Grund oder manchmal auch nur ein handgepinseltes, großes weißes »R«.

An einer Wegegabel nach 200 Meter hält man sich rechts etwas bergab. Freuen Sie sich nicht zu früh: Hinter einem Bachlauf dürfen Sie wieder steigen. Irgendwann kreuzen Sie dann eine viel befahrene Landstraße und einen dahinter liegenden Parkplatz (121 m NN, UTM 370606/5621234). Bleiben Sie 100 m nach dem Parkplatz, links abbiegend, auf dem befestigten Weg. 150 m nach dem Passieren einer

Ausblick vom Petersberg in nordöstliche Richtung.

Schutzhütte führt rechts ein Abzweig zu einer schönen Aussicht in das Rheintal. Unterhalb des Aussichtspunktes der **Dornheckensee**, ein aufgelassener Steinbruch. Danach geht man wieder auf den Hauptweg.

Von nun an gibt es immer wieder sehr schöne, markierte Aussichtsstellen in das Rheintal. Lediglich der Lärm der unten liegenden Autobahn trübt das Naturerlebnis ein wenig.

An einem Wege-T-Stück hält man sich nach rechts weiter bergab Richtung **Oberkassel**. Sobald man das erste Haus erreicht hat, folgt man für 50 m dem Kucksteinweg, den man dann links auf einem Trampelpfad sogleich wieder verlässt. Durch einen schmalen Hohlweg gelangt man an eine Ortsstraße (UTM 371788/5619405), der man nach links folgt. Die Langemarckstraße (L 490) wird gekreuzt (UTM 371872/5619377), und man betritt geradeaus Naturschutzgebiet.

Hoher Buchenwald hat uns aufgenommen. Auf einem befestigten, dennoch angenehm weichen Weg, an dessen rechter Seite sich ein Bach entlangschlängelt, geht es leicht bergan in südlicher Richtung weiter. Nach einer kleinen Weile erreicht man im Wald einen asphaltierten Weg, den man rechts geht. Hier steht ein Wegweiserpfahl mit der Bezeichnung Pirlenbach, 121 Meter NN (UTM 372324/5619207).

Den Rheinsteigzeichen folgend gelangt man bald zu einem herrlichen Aussichtspunkt und der nächsten Markierung 137 m NN (UTM 372222/5618349).

Eine Bank oberhalb des Weinberges lädt zu einer Rast ein. Vor

Kloster Heisterbach

12 Zisterzienser-Mönche der Abtei Himmerod in der Eifel zogen um 1189 auf Ersuchen des Kölner Erzbischofs Philipp von Heinsberg auf den Petersberg in eine verlassene Augustiner-Eremitenklause. Nur: Dort war es ihnen im Winter zu kalt, und so suchten sie ein geschützteres Plätzchen im Tal. Sie fanden es dort, wo heute die Abtei Heisterbach steht. Das war 1202.
Die Abteikirche wurde 1237 konsekriert und übertraf an Größe alle romanischen Kirchen Kölns außer dem damaligen romanischen Dom. Es folgten 600 Jahre beschaulichen Klosterlebens und weiterer Ausdehnung der großen Abtei.
In der Franzosenzeit, 1803, wurde das Kloster säkularisiert. 1809 verkaufte man die Abteikirche zum Abbruch. Ihre Steine wurden zum Bau eines Kanals und später auch beim Bau der Festung Ehrenbreitstein bei Koblenz verwandt. Nur der Chor der Ruine blieb bis heute stehen. 1820 kaufte der Graf zur Lippe-Biesterfeld das Grundstück und ließ einen englischen Park entstehen, der zum beliebten Motiv der Rheinromantik avancierte. 1919 erwarben die Cellitinnen (Augustinerinnen) den Gesamtkomplex. Heute beherbergt das Kloster ein großes Pflegeheim. Nur: Als Pilger oder Wanderer übernachten kann man in Heisterbach so wie in früheren Zeiten nicht mehr. Wer weiß, vielleicht wird diese Übung im Gefolge der Restauration der großen Jakobswege in Europa, auch der deutschen Strecken durch das Rheinland, irgendwann wieder aufgenommen.

Info entnommen aus dem Faltblatt: Heisterbach – ehemalige Zisterzienserabtei im Siebengebirge

uns im Tal liegt **Oberdollendorf**. Der jenseitige Berg im Süden ist der **Petersberg** mit dem berühmten Petersberghotel. Am Horizont dahinter grüßt uns der **Drachenfels** mit seiner markanten Burgruine.

Man folgt nun dem asphaltierten Weg oberhalb des Weinberges nach links. Für Weinkenner: Die Lage heißt »Oberdollendorfer Rosenhügel«. Wenn Sie in den Weinbergen Schüsse hören, dienen diese Böller der Abschreckung von Vögeln, damit sie nicht die Weintrauben stibitzen.

In den Weinbergen sieht man betonierte Rinnen mit Treppenstufen. Sie dienen der Ableitung des mitunter starken Regenwassers, damit die Weinberge nicht abgeschwemmt werden. Die Treppen sollen die Fließgeschwindigkeit des Wassers etwas bremsen.

Am Ende des Weinbergs hat man die Möglichkeit, dem ausgeschilderten »Weinwanderweg« nach Oberdollendorf zu folgen. Der Rheinsteig jedoch wendet sich nach links in den Wald.

Nach gut zehn Minuten Wegstrecke kommt man bei einer Lichtung an eine Weggabel. Man folgt dem Weg rechts ein wenig abwärts. Bald sieht man rechts durch die Bäume ein Fachwerkhaus schimmern. Halten Sie sich oberhalb des Zaunes. Es folgt das Überqueren eines Baches und wenig später der Landstraße K 25. Hier können Sie mit Bus 520 halb-stündlich nach Oberdollendorf (Hotels, Bhf.) fahren.

Bald gelangt man an eine 3 m hohe Mauer: Das ▸ **Kloster Heisterbach** (143 m NN, UTM 373656/ 5617537). Man biegt an der Ecke der Mauer rechts ab. Nach 50 m gabelt sich der Weg. Man hält abermals rechts auf eine Waldwiese zu.

Wenn wir den Wald wieder betreten haben und eine Schranke passierten, halten wir uns 50 m weiter an einer Wegegabel nach rechts. Verkehrslärm, Auto-

Am Eingang zur Klosterruine Heisterbach.

bahn, das Getriebe des Rheintals sind jetzt weit weg. Nur Stille umfängt uns wie weiland die Zisterziensermönche vor 800 Jahren.

Wenn Sie im Kloster zu einer Jause einkehren möchten, gehen Sie an der Mauerecke nicht rechts, sondern ein kurzes Stück geradeaus weiter und dann in den Klosterhof. Lassen Sie sich zu zivilen Preisen (Selbstbedienung) Ihr Mittagessen oder Kaffee und Kuchen schmecken! Das »Klosterstübchen« hat ganztägig geöffnet.

Bald gelangt man an ein steinernes Wegkreuz aus dem Jahre 1724, an dem wir links bergan abbiegen. Text des Denkmals:

ANNO 1724 HAT DIESES CREUZ ZU EHREN GOTTES AUFRICHTEN LASSEN MEISTER IOANES HANDELANG BECKER ZU HEISTERBACH

Kurz vor einem geschotterten Fahrweg winkelt man rechts ab und folgt einem Wegweiser-Stein sowie dem Rheinsteigzeichen. Auch hier wieder ein steinernes Wegekreuz aus dem Jahre 1773, das wir rechts liegen lassen. Zum **Petersberg** sind es nun noch 800 m. Falls man zur Übernachtung schon hier nach **Königswinter** möchte: Nach rechts hinab 2,3 km. Man kann dies auch noch nach dem Besuch des Petersbergs tun.

Nach einem schweißtreibenden Aufstieg kommt man an einen hohen Zaun mit Tor, das Sie tagsüber unkontrolliert passieren können. Abends wird es geschlossen. Nun sind es nur noch ein paar wenige Meter bis zum **Steigenberger Grandhotel Petersberg**

Steinernes Wegkreuz.

Der Rheinsteig führt mitten durch eine Pferdekoppel hindurch.

(Übernachtungsmöglichkeit mit 5*****). Gleich rechts von einer Bastion aus (Münzfernrohr) haben Sie einen schönen Blick nach Bonn. Von der bewirtschafteten Terrasse des Hotels aus genießt man eine zauberhafte Aussicht auf Bad Godesberg, das Rheintal und den Drachenfels mit seiner Burgruine.

Nachdem man sich von der Terrasse aus satt gesehen hat, läuft man im Uhrzeigersinn um das Hotel herum. Von dessen Rückseite (Parkplatz) hat man einen grandiosen Ausblick nach Norden und Nordosten.

Wundern Sie sich nicht über die vielen Scheinwerfer und Überwachungskameras. Das Petersberghotel war zu Zeiten der Bundeshauptstadt Bonn das Gästehaus der Bundesregierung. Die Sicherheitskräfte konnten das Gelände hermetisch abriegeln und den Zaun hell beleuchten. Die britische Queen und viele andere Staatsgäste übernachteten hier.

Von dem Parkplatz gehen wir wieder ein kleines Stück zurück auf den Weg, den wir heraufgekommen sind. Bald verläuft er im Uhrzeigersinn um die Kuppe herum in Richtung Norden und dreht dann über Ost nach Süd. Wir gelangen an einen Wegweiser »Drachenfels 6,8 km« (327 m NN, UTM 373491/ 5616558).

Man marschiert nun immer am Zaun innen entlang bis zu einem großen Funkmast. Dort geht es schräg rechts am Mast vorbei und dann sofort links auf den geschotterten Talweg und durch ein Tor im Zaun hinaus »in die Freiheit«.

Man überquert einen breiten geschotterten Fahrweg und geht auf normalem, ebenfalls geschottertem Fußweg bergab. 20 m vor einer Landstraße biegt der Rheinsteig scharf links parallel zu dieser Straße ab. 20 m hinter diesem Knick kommen wir auf einen breiten geschotterten Fahrweg. Der nächste Wegweiser-Pfahl trägt die Bezeichnung **Nonnenstromberg** 264 m NN, UTM 373815/5616536.

Der Nonnenstromberg, Nachbar des Petersberges, ist 335 m NN hoch und kann bis zu einem Aussichtspunkt bestiegen werden. An diesem Wegweiser biegen wir auf einen Trampelpfad rechts ein. Unter den tief herabhängenden Ästen einer gewaltigen Eiche wandern wir jetzt in eine Wiese mit lichtem Eichenbestand. Wenn man die Wiese durchquert und den Wald wieder betreten hat, schlängelt sich der Pfad schon bald steil bergab, viel steiler als man es bisher seit Bonn erlebt hat. Das geht auf Knie und Oberschenkel, eine der Tücken des Siebengebirges.

Nun kreuzt man einen asphaltierten Fahrweg und geht an einer weiß-grünen Schranke vorbei in eine kleine Streuobstwiese. Vor der Schranke hat man zu entscheiden, ob man nun als Tagesziel **Königswinter** mit seinen Übernachtungsmöglichkeiten aufsucht (Fahrstraße nach rechts gehen bis zur Haltestelle »Rosenauer Weg« der Omnibuslinie 520) oder ob man dem Rheinsteig folgt und über den Drachenfels nach Rhöndorf oder für Supersportliche sogar nach Bad Honnef geht.

Wir entscheiden uns für den Königswinter-Stopp, um am nächsten Tag genügend Zeit für den **Geisberg**, den spektakulären **Drachenfels**, das **Adenauerhaus** und einen Besuch am Grab des ersten Bundeskanzlers zu haben.

Promenade in Königswinter.

Von Königswinter nach Rhöndorf

Charakter: Mittelschwer wegen Bergbesteigungen und teils steiler Auf- und Abstiege; bei Nässe rutschige Passagen.

Falls Sie in **Königswinter** übernachtet haben, können Sie entweder direkt zum **Drachenfels** aufsteigen oder die Wanderung dort wieder aufnehmen, wo Sie sie am Vortag abgebrochen haben. Der Bus 520 (Haltestellen am Rheinufer oder am Bahnhof Königswinter) bringt Sie entweder zum **Kloster Heisterbach** oder mit Kurzstreckenfahrschein hinauf zur Haltestelle »Rosenauer Weg«. Die Busse fahren tagsüber etwa halbstündlich.

An der Haltestelle Rosenauer Weg quert man die Landstraße auf die linke Seite und trifft auf zwei Fahrstraßen. Nehmen Sie die rechte, schmalere Straße, nicht jene mit dem Schild »Gästehaus« und dem Bundesadler. Folgen Sie der alten Straße wenige hundert Meter, bis rechter Hand die gestern verlassene weiß-grüne Schranke vor einer Wiese auftaucht. Der Pfad führt durch diese Wiese und dann als Waldweg ständig bergauf. Sobald der Weg für hundert Meter etwas flacher wird, gabelt der Rheinsteig nach schräg rechts abwärts. Hinter einer kleinen Lichtung biegt man nach rechts ab und kreuzt eine viel befahrene Landstraße (L 331) auf einer Brücke. Man nimmt den Weg links vorbei an einer Schutzhütte und einem Wegweiserstein Richtung Löwenburg/Geisberg.

Am Ende der recht anstrengenden Steigung trifft man auf einen breiten geschotterten Fahrweg. Man folgt ihm nach links. Nach 100 m befindet sich in einer Kurve eine Schutzhütte. Hier biegt man nach rechts ab (Wegweiserstein »Geisberg 600 Meter«). Man ist jetzt, äußerst idyllisch und bequem, auf einem Trampelpfad mit Farnen, Binsen, Gesträuch und Bäumen eines typisch feuchten

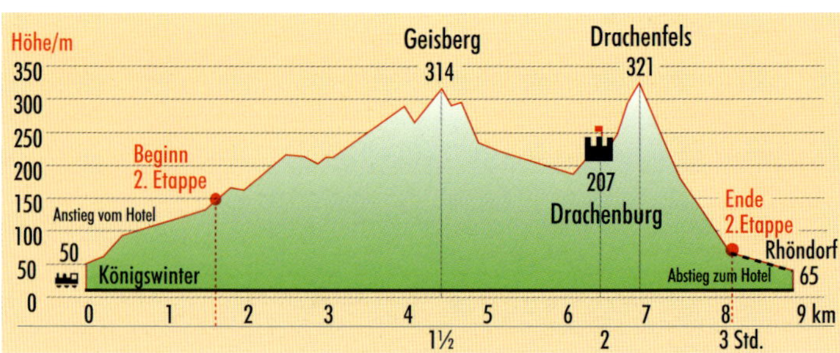

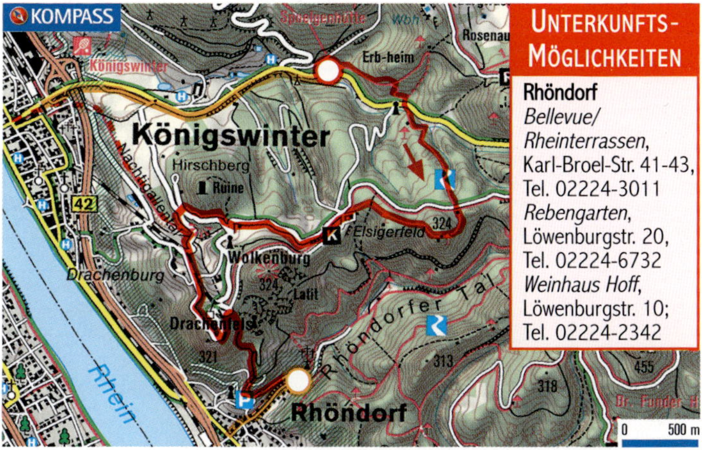

Unterkunftsmöglichkeiten

Rhöndorf
Bellevue/ Rheinterrassen, Karl-Broel-Str. 41-43, Tel. 02224-3011
Rebengarten, Löwenburgstr. 20, Tel. 02224-6732
Weinhaus Hoff, Löwenburgstr. 10; Tel. 02224-2342

Untergrundes. Nun noch etwa 300 m steil bergan (wohl dem Wanderer, der bei Regen massive Profilsohlen unter den Stiefeln und zwei Wanderstöcke in der Hand hat!) und man befindet sich auf der Spitze des **Geisbergs** (325 m, NN, (UTM 374983/5614663).

Bei dem **»Milchhäuschen«** handelte es sich bis zum 2. Weltkrieg um ein landwirtschaftliches Anwesen. Danach wurde es gastronomisch umfunktioniert. Die Preise sind entsprechend seiner einsamen Lage die einer Ausflugsgaststätte. Lustig: Wildvögel kommen bis auf die Tische und Teller der Gäste und möchten auch etwas abhaben. Die Fluchtentfernung ist auf ca. 20 cm geschrumpft. Ein Hotel ist dem Milchhäuschen nicht angeschlossen.
Während des Krieges wurden hier unterirdisch militärische Dinge, zum Beispiel Panzerräder, produziert. Die Bunkeranlage ist noch heute vorhanden, jedoch nicht zu besichtigen.
Erstmals erwähnt wurde das Anwesen, das früher an dieser Stelle stand, im Jahre 1826, jedoch muss es schon sehr viel früher existiert haben. Es war vermutlich Teil eines Burghofs, der die Burg Drachenfels und die Wolkenburg mit landwirtschaftlichen Produkten versorgte.

Ausflugsziel »Milchhäuschen«.

Burg Drachenfels.

Man genießt einen herrlichen Blick (Fotopunkt!) über die Höhen des Siebengebirges hinunter zum Rhein und hinüber zur Eifel. Schräg rechts, unübersehbar, die **Burg Drachenfels** und das zugehörige Restaurant. Der Ort links des Drachenfels im Taleinschnitt unten am Rhein ist **Rhöndorf**, Wohnort des früheren Bundeskanzlers Dr. Konrad Adenauer, dessen Haus als Museum eingerichtet ist.

Der jetzt folgende Abstieg ist für die nächsten 200 m insbesondere dann gefährlich, wenn der Untergrund nass ist. Hier sind Wanderstöcke fast Bedingung; selbst bei trockenem »Pflaster« kann man wegrutschen und hinfallen.

Am Fußpunkt des steilen Abstiegs steht links ein Wegweiserstein »Schallenberg«. Man nimmt den Weg geradeaus. Nach 100 m gabelt man nach rechts und bald darauf abermals nach rechts, es sei denn, man will links zu einem weiteren Aussichtspunkt mit einer überdachten Bank. Von hier Blick zum Drachenfels, jedoch sieht man den Rhein nicht mehr. Nach ca. 15 Min. erreicht man das ▶ **Milchhäuschen**, eine segensreiche Einrichtung, wenn man Durst oder Hunger hat oder ein WC benötigt.

Beim Verlassen des Milchhäuschens steht rechter Hand eine Landkarte. Es gehen mehrere Wege rechts, links und geradeaus. Man nimmt nicht, was man ohne weiteres auch könnte, den Weg laut Wegweiserstein »Drachenfels 1,5 km« links, sondern geht geradeaus auf ein Sperrschild zu. Der offizielle Rheinsteig führt also vom Milchhäuschen geradeaus weiter.

Es geschieht öfter, dass »viele Wege nach Rom«, sprich: nach Wiesbaden oder wie hier zum Drachenfels führen. Dieses Buch entscheidet sich immer für den offiziellen Rheinsteig, gibt jedoch auch Hinweise auf andere Streckenführungen.

Man befindet sich jetzt auf einem Kutschenweg aus alten Zeiten, ist an Wochentagen relativ allein (am Wochenende ist das ganz anders!) und hat herrliche Ausblicke hinüber zum Petersberg und in die Wälder und Waldwiesen rechts und links der Strecke. Der Fahrweg ist als ausgesprochen bequem zu bezeichnen. In den Wiesen am Weg könnten Sie nachts Rehe, Wildschweine und vielerlei andere Tiere beobachten. Insbesondere die Wildschweine hinterlassen »aufgepflügte« Strecken, in denen sie nach allerlei Fressbarem gewühlt haben.

In einer S-Kurve nach etwa einem knappen Kilometer sieht man an einer alten Linde (links eine Schutzhütte) eine Wegemarkierung, die uns nach rechts auf schmalerem Pfad nach unten führt. Wenig später kreuzen wir eine asphaltierte Fahrstraße mit

Das **Schloss Drachenburg** unterhalb des Drachenfels ist nicht, wie man glauben könnte, ein Märchenschloss aus uralten Zeiten. Vielmehr baute sich Stephan Sarter, ein neureicher Börsenmakler, 1882 einen repräsentativen Wohnsitz, den er paradoxerweise nie selbst bewohnte, da er in Paris als seiner Wahlheimat lebte.
Das Schloss ist prächtig ausgestattet und spiegelt den Reichtum wider, den Sarter, Sohn eines Bonner Gastwirts, im erlernten Bankgewerbe scheffelte. Es erregte schon unter seinen Zeitgenossen Bewunderung. Sarter wurde 1881 geadelt und hieß seither Baron Stephan von Sarter. Das Schloss wird durch die Landesregierung NRW behutsam renoviert. Die Besichtigung kostet Eintritt.

Die Burg Drachenfels

Schon vor Christi Geburt waren die Römer am Drachenfels und legten Steinbrüche an, ehe sie 456 n.Chr. abzogen. Um 1100 baute der Kölner Erzbischof Friedrich die Wolkenburg im Siebengebirge, die heute verschwunden ist. Sie war groß und mächtig, konnte aber das Rheintal nicht gut beobachten. Nach 1138 errichtete Erzbischof Arnold auf dem Drachenfels einen Bergfried mit sparsamen Anbauten. Von hier aus war das Rheintal besser einzusehen. Schon wenig später, 1167, wurde der Turm zu einer vollständigen Burg ausgebaut. Herren waren die Burggrafen von Drachenfels. Rund 100 Jahre später, seit 1248, holten sich die Baumeister des damals neuen, gotischen Kölner Doms (der bekanntlich erst im 19. Jh. fertiggestellt wurde) Steine aus den 800 Jahre lang stillliegenden Drachenfels-Steinbrüchen, deren Eigentümer dadurch reich wurden. Dies führte zu Zerwürfnissen in der Familie derer v. Drachenfels, die darin gipfelten, dass der Burggraf Clas v. D. 1493 von seinem Neffen Heinrich erschlagen wurde. Es folgte ein Bruderkrieg, der bis 1526 andauerte. 1623 fällt die Burg an das Kölner Erzstift. Zehn Jahre später (es tobt der 30jährige Krieg 1618–1648) besetzt ein Schwedentrupp 1633 die Burg und nutzt sie als Stützpunkt für Raubzüge. Sie wird zurückerobert. Der Kölner Erzbischof lässt sie 1634 sprengen. Vom Pallas ist heute nur noch ein relativ kleines Mauerstück mit einer Fensteröffnung erhalten. Die Ruine fällt später an Steinbruchbesitzer aus Königswinter. Fortan stehen die Baureste unmittelbar über einem Steinbruch, in den sie 1788 hinabstürzen. Das ruft Proteste hervor, 1836 wird der Berg enteignet und vom preußischen Staat für 10.000 Taler übernommen. Seither ist der Drachenfels Staatsbesitz und wird nicht weiter zerstört. In der zweiten Hälfte des 19. Jh. wurde der Burgfried mit mächtigen Stützpfeilern im Fels gesichert. 1971–73 ließen der Bund und das Land NRW den Drachenfelsgipfel endgültig sichern.

(Inhalt mit freundlicher Erlaubnis entnommen einem Handzettel der Drachenfels-Gastronomie)

Blick vom Drachenfels.

einem Wegweiserstein »Königswinter/Lennerzbad/Parkplatz«. Am Ende eines Hohlweges geht man 50 m geradeaus und biegt dann (auf Wegmarkierung achten!) schräg nach links ab. Man unterquert einen alten Brückenbogen und hält sich an einem betagten technischen Gebäude nach rechts bergauf. Um einen verschlammten Tümpel herum führt der Weg hinauf zu schönen Obstwiesen. Man fühlt sich beinahe wie im Allgäu.

Über den Wiesenweg erreichen Sie ein halbverfallenes Gaststättengebäude, dem man seinen früheren großbürgerlichen Charme noch heute ansieht. Hier war einmal das »Gestüt Schloss Drachenburg« zu Hause.

Wir gehen nach rechts und kommen zur Drachenfelsbahn (Mittelstation rechts, Zustieg möglich) und zum ▶ Schloss Drachenburg (Höhe 207 m NN, UTM 373396/-5614456).

Das ehemalige Gestüt Schloss Drachenburg.

Der Radom von Wachtberg

Die Ballonkuppel auf der linken Rheinseite ist mit einem Durchmesser von 49 m und einer Höhe von 54,5 m der weltgrößte Radom (engl.: Radardom). Sie gehört der FGAN (Forschungsgesellschaft für Angewandte Naturwissenschaften) in Wachtberg, die sich vorwiegend mit Radartechnik befasst. Gefördert wird die FGAN durch den Bund, dessen Interesse bei der militärischen Komponente der Forschungen liegt. Die Kunststoffkugel schützt die große frei bewegliche Antenne gegen die Unbilden des Wetters.

Hinter der Brücke der Drachenfelsbahn (Fotomotiv! Wenn man ein wenig wartet, kommt eine Zahnradbahn, früher mit Dampf, heute elektrisch betrieben) wendet man sich links parallel der Bahn den Zaun entlang nach oben.

Jetzt folgen noch einmal gut 100 Höhenmeter zum ▶ **Drachenfels**, die bequem zu gehen sind. Der eher triste Asphaltweg entschädigt durch sehr schöne Ausblicke in das Rheintal. Wer will, kann auch auf einem Esel ab Mittelstation hinauf reiten.

Man kommt zunächst zu der unterhalb der Ruine gelegenen Restauration (WC), die man auch mit der Zahnradbahn von Königswinter oder der Mittelstation aus erreichen kann. Ihre Ursprünge gehen bis in das Jahr 1834 zurück. Die Aussicht ist gigantisch! An klaren Tagen kann man bis weit in die Eifel hinein schauen. Zu Füßen liegt der Rhein mit den stromauf zu sehenden Inseln **Nonnenwerth** (linke Rheinseite) und **Grafenwerth** (rechte Rheinseite).

i Man betrachtet einen Fluss immer von der Quelle zur Mündung und benennt danach die Seiten links und rechts, seltener umgangssprachlich Ost und West oder Nord/Süd.

Der ▶ Ballon (Radom) am Horizont im Westen schützt eine Forschungs-Radarantenne. Wir wer-

Fachwerkhaus in Rhöndorf.

den ihn auf unserer Wanderung noch oft in der Ferne sehen.

Von der Restauration wendelt ein steiler Pfad hinauf zu der Ruine der Burg Drachenfels. Von hier oben hat man abermals eine prächtige Aussicht weit ins Land hinein – oder man sieht bei sehr tief hängenden Wolken gar nichts.

Man geht nun zurück auf die Terrasse des Restaurants mit der Beschilderung »Kiosk/Souvenirs«.

Das Adenauer - Haus

Im Adenauer-Haus sind eine Vielzahl von Bildern und Dokumenten zu sehen. Man wartet in dem unteren, neu errichteten Museumsbau maximal 30 bis 45 Minuten (sofern man unangemeldet ist), um dann mit der nächsten Führung das oberhalb gelegene Wohnhaus zu besuchen.

Konrad Adenauer hatte das Grundstück, einen alten Weinberg, 1930 recht teuer gekauft und darauf einen traumhaften Terrassengarten angelegt. Er hielt das Wohnhaus, das man heute unverändert und voll eingerichtet wie zu seiner Zeit vorfindet, von jeglicher Politik weitgehend frei. Der einzige politische Gast war wiederholt **Charles de Gaulle**, der frühere französische Präsident. Der hielt es übrigens mit seinem Haus ebenso, und nur Konrad Adenauer war dort zu Gast.

Die Pflanzen werden auch heute noch so gehalten, wie »der Alte von Rhöndorf« sie vor Jahrzehnten hat anlegen lassen oder selbst pflanzte. Geht eine ein, wird eine Gleiche an ihre Stelle gesetzt.

Bei klarem Wetter hat man einen sehr schönen Blick, der vom Drachenfels über das Rheintal bis hinüber in die Eifel reicht.

Noch heute trifft sich hier, im seit dem Tode Adenauers 1963 unverändert gebliebenen Haus, die weit verzweigte Familie jedes Jahr zu Weihnachten.

Hier steht die Rheinsteig-Landmarke »Drachenfels 290 m NN, UTM 373523/5614014.

Man folgt, die Treppe hinab, der Beschilderung »Bad Honnef 8,3 km/Rhöndorf 2,4 km/Ulanendenkmal 1,3 km.« Schnell geht es hinunter. Nach einer kleinen Weile winkelt eine steile Treppe links bergab. Hier kann man 30 m nach rechts auf eine Bastion gehen, von der aus man einen fantastischen und ganz anderen Blick auf das Rheintal hat als vom Drachenfels. Der kleine Abstecher lohnt sich.

Auf dem steil bergab führenden Serpentinenweg kommt man bei einer scharfen Rechtskurve an eine Wegegabelung. Hier nimmt man den rechten Zweig. An der nächsten Schutzhütte biegt der Rheinsteig abermals nach rechts ab.

An einem Wegweiserstein »Waldfriedhof/Löwenburg« wendet sich der Rheinsteig schräg rechts nach unten. Man ist dem Rhein höhenmäßig schon deutlich näher gekommen. Verkehrslärm klingt von unten herauf. An einer grün-weißen Schranke kreuzt man einen schmalen asphaltierten Fahrweg und geht geradeaus weiter auf einem Fußweg bergab. Zu jeder vollen Stunde können Sie die Kirchturmuhr von Rhöndorf hören.

Aus dem Wald heraustretend erreicht man nach 25 Minuten seit Drachenfels ein 1925 gebautes Ulanendenkmal. Unterhalb des Denkmals kommt man auf eine schmale asphaltierte Straße, die man nach links geht. Folgen Sie nach 30 m nicht dem Wegweiserstein »Rhöndorf«, sondern bleiben Sie weiter geradeaus Richtung Waldfriedhof. Schon haben Sie eine traumhafte Aussicht in die bewaldeten Höhen des Siebengebirges, die bei schönem Wetter zum Greifen nahe vor Ihnen liegen. Die steile Bruchsteinmauer linker Hand fängt einen Weinberg ab.

Weiter unten stößt der Fahrweg auf die Löwenburgstraße. Der Rheinsteig folgt ihr nach links. Wenig später kommt man an das Tor des Friedhofs, auf dem Bundeskanzler Dr. Konrad Adenauer seine Letzte Ruhe gefunden hat. Falls Sie sein Grab besuchen wollen, folgen Sie in dem Waldfriedhof den blauen Pfeilen auf weißem Grund. Sie gelangen zu einem schlichten, aber sehr würdevollen Familiengrab, auf dessen Stein neben den Namen seiner Angehörigen nur **Konrad Adenauer** in gleicher Schriftgröße steht.

Vom Tor des Waldfriedhofs kann man – geschichtsbewusst! – 600 m nach **Rhöndorf** hineingehen und dort das ▶ Konrad-Adenauer-Haus (Museumsstiftung) besuchen.

Da die jetzt noch vor der Wanderin und dem Wanderer liegende Gehstrecke bis Bad Honnef steil hinauf zur **Löwenburg** (etwa 2 Stunden) und zum **Wingstberg** sowie zum **Himmerich** führt, ist zu überlegen, ob man in Rhöndorf übernachtet (was wir empfehlen) und das schwere Wegstück erst am nächsten Morgen in Angriff nimmt.

In Rhöndorf gibt es mehrere Hotels. Das »Bellevue« direkt am Rhein bietet einen sehr schönen Blick auf den Fluss (und ist entsprechend teuer), während die anderen kleinen, sehr netten und deutlich kostengünstigeren Häuser mitten in dem urigen Dorf liegen.

Kommt man die Straße vom Friedhof herab, zweigt im Dorf gegenüber einem Weinrestaurant ein mit Kopfsteinen gepflasterter, ganz schmaler Weg »Konrad-Adenauer-Straße« links ab. Hier gelangt man nach ein paar Minuten zum Adenauer-Haus.

Adenauergarten in Rhöndorf, im Hintergrund der Drachenfels.

Von Rhöndorf nach Unkel

Charakter: Lang und schweißtreibend, mit steilen Anstiegen.

Vom Waldfriedhof Rhöndorf folgt man der Fahrstraße bergauf. UTM-Schild »Rhöndorf 79 m, 374082/5613765«. Links fließt ein Bach. Hinter einer leichten Linkskurve folgt ein Wegweiserstein »Margarethenhöhe/Drachenfels/-Ölberg« sowie ein weiterer Stein auf der rechten Wegseite »Dr. Menser-Weg/Breiberg«. Der Abstecher auf den **Breiberg** ist lohnend. Der Rheinsteig biegt scharf rechts ab, den Berg hinauf. Nach einer Weile des Steigens kommt von rechts unten ein Weg herauf. Diesem folgt man nach oben.

Sobald der Anstieg etwas flacher geworden ist, findet man nach ein paar hundert Metern eine Schutzhütte. Man quert einen Fahrweg und geht weiter geradeaus bergauf. Zur **Löwenburg** sind es nun noch 2,5 km.

Nach einer Weile kreuzt von rechts ein Wald-Fahrweg aus Richtung **Rommersdorf**. Man geht auf dem schmalen Fußweg weiter geradeaus bergan.

Vor Jahren muss hier einmal ein fürchterliches Unwetter getobt haben. Rechts und links des Weges sieht man viele Baumstümpfe gewaltiger Buchen, die offenbar abgebrochen sind und zum Teil Brandspuren (Blitzschlag?) tragen.

Seit Rhöndorf ist man auf diesem Teil des Rheinsteigs so gut wie allein. Man begegnet kaum einer Menschenseele und hört den Verkehrslärm des Rheintals nur ganz schwach aus der Ferne. Von links grüßt der **Drachenfels** herüber. Im Norden tauchen die Spitzen des **Lohrbergs** und des **Ölbergs** auf.

Wir kommen zu einer weiteren Schutzhütte, bei der es rechts ab zum **Teufelsstein** und **Breiberg** geht. Der Rheinsteig jedoch bleibt weiter geradeaus bzw. schräg links.

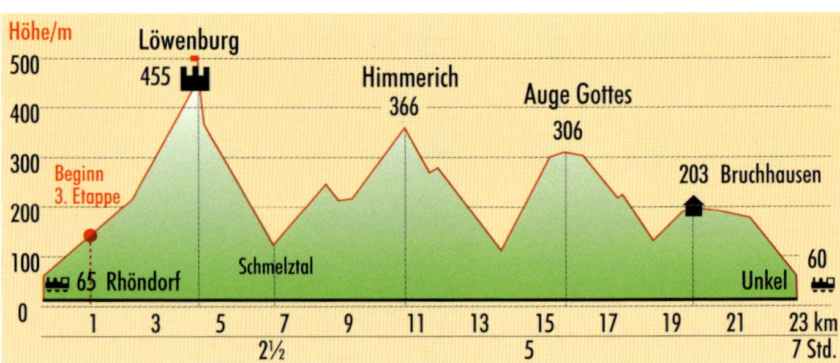

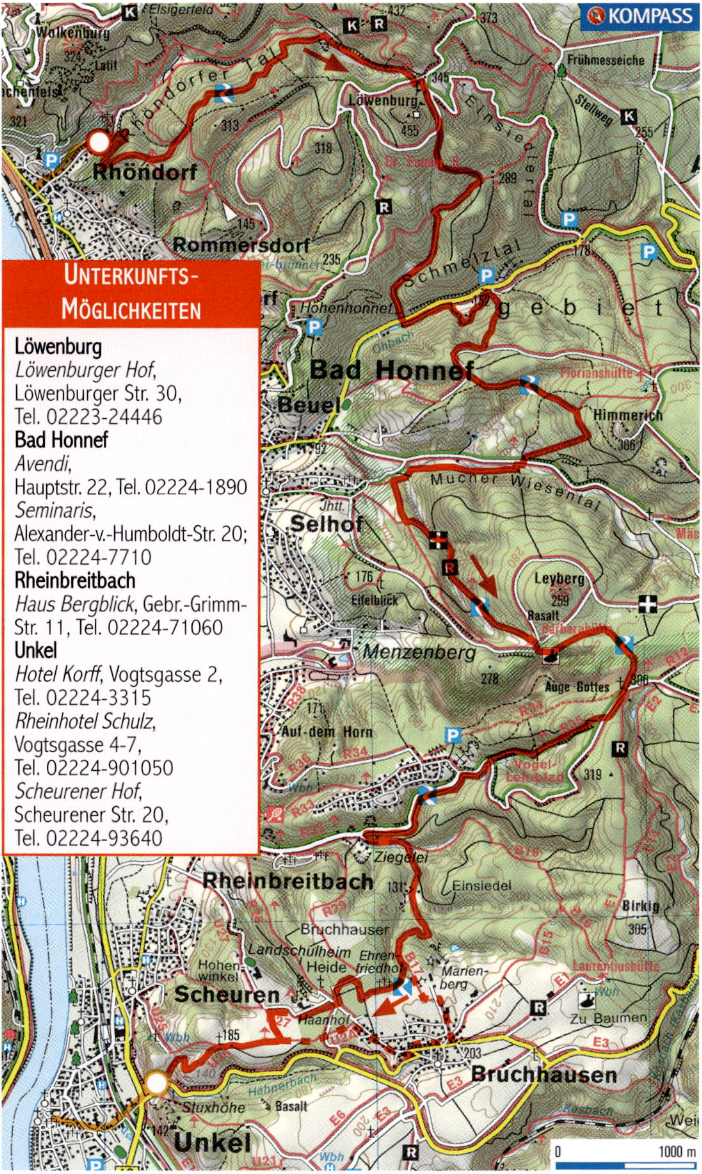

Unterkunfts-Möglichkeiten

Löwenburg
Löwenburger Hof, Löwenburger Str. 30, Tel. 02223-24446

Bad Honnef
Avendi, Hauptstr. 22, Tel. 02224-1890
Seminaris, Alexander-v.-Humboldt-Str. 20; Tel. 02224-7710

Rheinbreitbach
Haus Bergblick, Gebr.-Grimm-Str. 11, Tel. 02224-71060

Unkel
Hotel Korff, Vogtsgasse 2, Tel. 02224-3315
Rheinhotel Schulz, Vogtsgasse 4-7, Tel. 02224-901050
Scheurener Hof, Scheurener Str. 20, Tel. 02224-93640

Rhöndorf, Blick zum Drachenfels.

Nach einer kleinen Senke geht es wieder recht anstrengend bergauf. 200 m weiter gabelt rechts ein ebenfalls schmaler Fußweg, den man jedoch nicht beachtet. Der Rheinsteig klettert weiter in der »Direttissima« bergan. Nichts für Herzkranke, auch wenn es nur 100 m Strecke sind

An einem Wegweiserstein »Löwenburg« erreicht man eine Schotterstraße, der man nach

Die Löwenburg

Burgen sind oft auf des Berges höchstem Punkt gebaut. So auch die Löwenburg, von deren Ruine aus man einen herrlichen Rundblick hat. Zu Füßen der Burg liegt Bad Honnef, im Westen die Eifel, weiter nördlich Bonn und der Drachenfels, im Osten und Süden weite bewaldete Höhen.

Die Löwenburg war eine Grenzburg der Grafen Sayn gegen das Kurfürstentum Köln und die dortigen Erzbischöfe. Die Anlage wurde um 1200 von dem Grafen Heinrich II von Sayn gebaut. 1247 war sie Witwensitz der Gräfin Mechthild von Sayn. 1362 wurden die Herren von Heinsberg Eigentümer der Burg, 1472 ging sie über an das Herzogtum Jülich-Berg und wurde 1633 im 30jährigen Krieg zerstört. Seit 1980 wurde die Ruine restauriert. Sie ist kostenfrei zugänglich. Ganz oben innerhalb der Burg, wenige Meter neben einer Eiche, steht ein relativ unscheinbarer Granitstein mit einem eingemeißelten Kreuz. Dies ist ein »Trigonometrischer Punkt erster Ordnung«. Er liegt 455 m über NN. Das Hauptdreiecksnetz von der Löwenburg aus wurde 1891 angelegt und peilt folgende Berge an: Hohe Acht, Michelsberg, Birkhof, Heck, Stegskopf und Montabaur. Nach diesem von dem Göttinger Mathematiker Carl Friedrich Gauss schon in der ersten Hälfte des 19. Jh. erdachten imaginären Liniennetz wurde im 19. Jh. nach und nach ganz Deutschland vermessen. Die Löwenburg ist einer dieser Dreiecks-Messpunkte, die noch heute von der Landesvermessung benutzt werden. *(Text teilweise in der Ruine nachlesbar)*

Ruine Löwenburg.

links folgt. Einen einmündenden Schotterweg läßt man trotz eines weiteren Wegweisersteins rechts liegen und geht den Rheinsteig schräg links auf breitem Schotterweg weiter.

Noch wenige hundert Meter, und der Blick weitet sich an der Gastwirtschaft/Hotel »Löwenburger Hof« (geöffnet täglich von 10–18.30 Uhr, im Winter bis zur Dämmerung) nach Osten über eine große Streuobstwiese, Wälder und Höhen. Diese Streuobstwiesen waren (und sind) charakteristisch für das Siebengebirge.

An dem Aufgang zur Gaststätte biegt man rechts ab und folgt der Straße leicht bergauf. Unmittelbar hinter dem Hotel gabelt sich der Weg. Man hält sich rechts auf breitem Fahrweg in den Wald hinein.

Schon bald kommt man an einen Wegestern, bei dem der Rheinsteig geradeaus weiterführt. Will man die Bergspitze (455 m NN) mit der ▶ **Löwenburg** besteigen (lohnend!), hält man sich rechts (Wegweiserstein »Aufgang Löwenburg«) und passiert eine Schranke bergauf. Der Aufgang zur Ruine Löwenburg ist jetzt mit einem gelben Rheinsteig-Schild gekennzeichnet und dauert etwa 15 Minuten.

Ist man zurück an der Schranke, dem Ausgangspunkt der Löwenburg-Exkursion, nimmt man den gezeichneten Weg Richtung Schmelztal – Bad Honnef (Wegweiser) wieder auf.

Auf breitem, geschottertem Fahrweg geht es hinunter in das **Schmelztal** (ca. 30 Min.). Links und rechts des Weges sieht man viele Wühlspuren von Wildschweinen, auch ihre Suhlen. Folgen Sie jetzt nicht dem Wegweiserstein »Einsiedlertal – Schmelztal«, sondern bleiben Sie auf dem

Schotterweg nach rechts Richtung **Bad Honnef** (3,4 km).

Mittlerweile sind Sie bereits auf 300 m NN abgestiegen. Weitere 240 Höhenmeter bergab liegen vor Ihnen. Die Knie und die Oberschenkelmuskulatur lassen grüßen, sofern man nicht etwas trainiert ist.

Den nächsten breiten Abzweig an einer Stelle, an der es geradeaus wieder bergauf geht, nehmen wir links weiter bergab. Wir haben 220 m NN erreicht. Der Weg bleibt vorerst eintönig, sehr still und gibt Zeit zum Nachdenken über die Dinge dieser Welt.

Himmerich

Man gelangt auf dem vom Rheinsteig abzweigenden Weg an eine grün-weiße Schranke und folgt der Asphaltstraße nach rechts. An einer scharfen Linkskurve der Asphaltstraße – auch sie führt wieder zurück zum Rheinsteig – bleibt man geradeaus und geht auf eine weitere grün-weiße Schranke zu. Der steile Kegel schräg rechts vor uns ist der HIMMERICH. Ein schöner Rastplatz mit Bänken und weiter Fernsicht entschädigt am Fuß einer Felswand (früherer Steinbruch) für die Mühen des Umweges.

Um auf die Spitze zu gelangen, geht man ein kleines Stück zurück. Wenn der Weg zu fallen beginnt, ist links ein versteckter Einstieg, der stellenweise als alpin bezeichnet werden muß und unmarkiert »on top« führt. Dort hat man noch einmal eine sehr schöne Aussicht. Vorsicht! Die obere Kante des Steinbruchs ist nicht gesichert. Es empfiehlt sich nicht, zu dicht an die Kante heranzugehen, da die Felswand senkrecht abfällt.

Etwa 30 m hinter dem Klettersteig zweigt links ein Trampelpfad mit einem an einen Baum gemalten weißen Pfeil ab. Folgt man ihm (nicht lohnend), umrundet man den Bergkegel und gelangt wieder an den Ausgangspunkt auf der Wiese zurück.

Rechts im Talgrund rauscht ein Waldbach.

Bald hört man Verkehrslärm. Man trifft auf einen Querweg, dem man nach links folgt. 200 m weiter kreuzt man nach einer grün-weißen Schranke die Landstraße L 144. Wegweiserpfahl »Schmelztal«, 130 m NN, UTM 376416/5612480.

Nach dem Queren der Landstraße geht man auf dem Damm eines Hochwasser-Rückhaltebeckens nach rechts und dann schräg links in den Wald hinein. Ein Trampelpfad führt steil den Berg hinauf. Nach 100 Wegmetern kommt man an einen querenden Fußpfad, dem man nach links folgt. Zum Glück geht es jetzt beinahe eben auf dem Trampelpfad weiter. Aber keine Angst: Die dicken Enden kommen noch.

Nach einer Weile kommt von links aus dem Tal herauf ein schmaler Weg, dem Sie rechts bergan folgen. Bei 240 m NN erreicht man die Höhe des **Wingstberges**. Dort einem breiten, geschotterten Fahrweg nach rechts folgen. An einem Wegweiserstein »Mittelberg 1,8 km« lässt man den abzweigenden Fahrweg rechter Hand liegen und geht geradeaus weiter.

An einem Wegedreieck steht ein Stein »Florianshütte 800 m/ Himmerich 900 m«. Der Rheinsteig führt schräg links weiter, der Abzweig zum lohnenden ▶ **Himmerich** biegt bald links ab.

Der Rückweg zum Ausgangspunkt nimmt, da mit leichtem Gefälle, nur relativ wenig Zeit in An-

Der Autor macht Rast am Himmerich.

spruch, nämlich gut 10 Minuten. Achtung: Zurück auf dem Rheinsteig aufpassen! Nach einer kleinen Steigung von nur wenigen Metern zweigt der Steig an einem Wegweiserpfahl ziemlich versteckt rechts in eine Art Hohlweg ab.

Am Ende der langen Geraden erreichen wir einen Fuhrweg, dem wir talabwärts folgen. Linker Hand sieht man ein hölzernes Wegkreuz. Sobald man den asphaltierten Weg im **Mucherwiesental** erreicht hat, biegt man nach 50 m links ab in einen ebenfalls geschotterten Fahrweg. Er kreuzt einen verrohrten Bachlauf. Rechts eine Waldwiese mit einem Jagd-Hochsitz. Hinter der Brücke folgt man dem Schotterweg nach rechts parallel zu der Waldwiese.

Zehn Minuten später gelangt man an eine Pferdekoppel. Man folgt der schmalen Asphaltstraße nach links. An deren Ende hat man zu entscheiden, ob man weitergehen oder den Tag beenden möchte.

Wenn man an die ersten Häuser kommt (Jugendherberge dicht dabei, ausgeschildert), zweigt der Rheinsteig mit einem scharfen Knick noch vor dem ersten Haus links ab (Wegweiserpfahl »Abzw. DJH, 122 m NN«, UTM 276008/ 5611242), sozusagen auf Gegenkurs. Er führt nicht in den Ort **Selhof** (Hotel im Ort) hinein.

Man sieht jetzt wieder das schon vertraute weiße »R« auf schwarzem Grund des RHEINHÖHENWEGES. Entlang einer

Im Mucherwiesental.

Einzäunung kommt man zu einem Kreuzweg mit Bank, dem man nach links folgt. Vor einer weißgrünen Schranke quert man einen Bachlauf und geht über eine kleine Waldlichtung geradeaus weiter bergan. Es folgt eine lange ansteigende Gerade.

Nach einer Weile kommt man auf einen geschotterten Fahrweg, dem man nach rechts und 50 m weiter nach links folgt. Hier ist auch der Abzweig zum ▶ **Leyberg**, dessen Spitze (359 m NN) man nach 600 m erreicht. Von dem Abzweig (links des Weges eine Bank) sind es ungefähr 90 Höhenmeter.

Auf einem freien Picknickplatz »Denke« weist uns ein Wegweiserstein 1,9 km nach Bad Honnef. Wir gehen indessen links auf ei-

Das »Auge Gottes«.

Abstecher zum Leyberg, sehr alpin und lohnend

Man biegt links ab auf eine geschotterte Fahrstraße. An einer Bank zweigt links, bezeichnet »Aufgang Leyberg«, ein Waldweg ab. Hier gelangt man an den eigentlichen Fuß der Kuppe, die wie das Riesenspielzeug eines Goliaths aus tausenden großer Felsbrocken wie hingewürfelt erscheint. Jetzt ist Steigen vonnöten. Der alpine Aufstieg ist allerdings nicht unbedingt empfehlenswert für Ungeübte oder Personen, die nicht absolut trittsicher sind. Bei Regen, wenn die Steine und der Erdboden nass und glitschig sind, macht das Kraxeln keinen Spaß, kann insbesondere bergab sogar gefährlich sein.

Der relativ schwierige Auf- und Abstieg lohnt sich: Man findet oben eine wunderschöne Aussicht bis hinüber zur Hohen Acht, dem Drachenfels und nach Osten in die Weite des Berglands.

nem Schotterweg leicht bergan. An einer sich breit auffächernden Wegegabel biegt der Rheinsteig rechts ab. An einem Baum ist, ein wenig versteckt, ein handgemaltes Schild »AUGE GOTTES – LEYBERG« zu entdecken. Auch das weiße »R« des Rheinhöhenweges ist aufgemalt.

Auf ebener Strecke erreicht man **Das Auge Gottes** (306 m NN, UTM 377881/5609663).

An der Wegekreuzung steht ein überdachtes Christusbild, im baulichen Ansatz wie eine Kapelle, aber eben doch noch nicht einmal ein Kapellchen, mit der Inschrift »Gottes Auge sieht alles, bewahre mich vor Sünde«. 50 m weiter findet sich eine Hütte mit Bänken zum Pausieren. Der Rheinsteig jedoch zweigt um den Bildstock herum rechts ab.

Etwa 300 m hinter dem Bildstock findet man links des Weges an einem Baum ein Hinweisschild, dass im Krieg 25 m neben dem Weg eine Abschussrampe der »V 1« gestanden hat. Reste der Fundamente kann man noch finden. Sie sind nach Westen Richtung London ausgerichtet.

Hinweisschild zur V 1 Abschussrampe.

50 m weiter verlässt man den breiten Fahrweg nach rechts. An einer weiteren Wegegabel wenig später bleiben wir links geradeaus bergab. Man befindet sich auf einem Waldlehrpfad, an dem diverse Schilder die verschiedenen Gewächsarten erklären. Achten Sie auf Lärche und Rippenfarn, auf Torfmoos und vielerlei andere Pflanzen.

Etwa 2 km östlich des »Auge Gottes« liegt der **Asberg** (441 m) mit alten Basaltbrüchen. Ca. 200 m nach dem Verlassen des Rheinsteigs beim »Auge Gottes« nach Osten nimmt man an einer Wegegabel den linken Zweig bis zur Kreuzeiche. Von dort steigt man rechts auf Pfaden ca. 100 Höhenmeter hinauf zu den Steinbruchseen.

Auf einem Schild kann man lesen:

»1 cbm Stadtluft enthält ca. 6.500 Bakterien, 1 cbm Waldluft enthält ca. 500 Bakterien«.

Wissen Sie nun, warum Wandern in der Natur so gesund ist, jedenfalls gesünder als auf einem Laufband in der Turnhalle?

In etwa 220 m NN Höhenmesseranzeige, steht rechts am Weg ein Gedenkkreuz aus dem Jahr 1888. Von links kommt ein breiterer geschotterter Fahrweg. Man bleibt geradeaus. Hinter einer weiß-roten Schranke und einem Kruzifix aus dem Jahre 1874 biegt man am Wegweiserpfahl Breite Heide, 181 m NN, UTM 376643/ 5609055 entweder rechts nach **Rheinbreitbach** oder links nach **Unkel** ab. Unmittelbar in der Kurve der asphaltierten Landstraße winkelt der Trampelpfad Rheinsteig links in den Wald hinein.

Seit dem »Auge Gottes« sind 25 Minuten vergangen. Durch lichten Auwald führt der Rheinsteig nun leicht bergab. Es muss hier viele Reiter geben, da die Strecke durch Pferdehufen stellenweise völlig aufgewühlt ist – nicht zu verwechseln mit den Wühlspuren der Wildschweine, die nächtens nach Futter suchen.

Achtung! Am Ende des Gefälles mündet der Rheinsteig in einen Fahrweg oberhalb eines Baches. Hier muss man links abbiegen, also fast wieder ein Stück zurück laufen. Folgen Sie dem Tal bachauf, um nach **Bruchhausen** und **Unkel** zu gelangen.

Man unterquert eine Starkstromleitung (vier Adern) und lässt einen abzweigenden Forstweg mit Sperrschild unbeachtet. Unser Weg überquert den Bach auf einer verrohrten Überführung. Er wird von zwei Telegrafenlei-

Scheuren (Stadtteil von Unkel).

Vorgartenidylle in Unkel.

tungen begleitet. Man kann sich nun die Zeit mit dem Zählen von Telegrafenmasten vertreiben. Ein jeder hat seine Nummer: 21, 22, 23 ... Den Weg bei Mast Nr. 24 lassen wir rechts liegen. An einem folgenden Wegedreieck geht man rechts. Sollten Sie wenig später an einen grünen Zaun kommen, sind Sie falsch gegangen. Zurück, marsch, marsch!

Bei Höhenmesseranzeige 197 m NN, sofern Sie ihn heute Morgen kalibriert haben, kommen Sie an einen Zaun mit Toreinfahrt. 20 m weiter tritt man aus dem Wald heraus und kann entweder links 700 m nach Bruchhausen oder rechts 3,2 km nach Unkel gehen. GPS-Pfahl Marienberg 193 m NN, UTM 376288/ 5607543. In diesem Gebiet nördlich von Bruchhausen hat man früher nicht nur Kies, sondern auch Blei und Kupfer abgebaut. Rechts abzweigend Richtung Unkel befindet sich eine

In **Bruchhausen** steht eine alte, ansehenswerte Kirche. Das Dorf ist seit 1.000 Jahren Marienwallfahrtsort.

Kriegsgräberstätte. Danach stößt man auf einen Querweg, dem man rechts folgt. Wenig später kommt eine scharfe Linkskurve. Man überquert eine Asphaltstraße und gelangt 100 m weiter auf die nächste Asphaltstraße. Der **Haanhof** (keine Übernachtungsmöglichkeit), ein landwirtschaftliches Anwesen, wird passiert und man biegt hinter diesem an einer großen Eiche (daneben Müllentsorgung) rechts ab, der Teerstraße folgend. Nach abermals 200 m stößt man auf eine Schotterallee mit Rheinsteig-Wegweiser nach links. Diesen Weg kann man nehmen, wenn man zur Erpeler Ley will. Wenn man hingegen die Tagesreise in Unkel beenden möchte, geht man geradeaus nach Scheuren/Unkel. Dort gibt es auch einen Bahnhof. An der nächsten Waldspitze hält man sich rechts entlang eines Zaunes und dann steil bergab. Sobald Sie an einer Waldhütte vorbeikommen, biegen Sie vor einer Streuobstwiese nach links auf einen weiter bergab führenden Weg ein.

Von Unkel nach Linz am Rhein

Charakter: Manchmal schweißtreibend, mit steilen Anstiegen.

Aus Unkel kommend folgt man der Landstraße L 252 Richtung **Kalenborn** ab der Einmündung B 42 etwa 300 m nach Osten. In einer Rechtskurve sieht man einen Wasserfall. Links daneben führt der Rheinsteig bergauf zur **Stuxhöhe**. Der Weg ist für 50 m mit einem Geländer gesichert. Nach weiteren 50 m geht man über eine kleine Rohrbrücke schräg nach rechts. Hier steht ein Wegweiserstein »Orsberg«.

An einer Bank zweigt ein Pfad nach links ab. Der Rheinsteig führt indessen geradeaus weiter bergauf, und zwar ziemlich steil. Bei Regen ist er glitschig, so dass sich Wanderstöcke empfehlen.

Von links kommt ein Schotterweg, dem man wenige Meter nach rechts folgt; an dem Pfahl »Mühlenfeld 124 m NN«, UTM 374540/560617 biegt man nach links ab. Nach weiteren 50 m hält man, abermals nach links, auf einem Trampelpfad auf die Bergspitze zu.

Am Sendemast **Stux** befindet man sich in 142 m NN, UTM 374523/5606520. Man folgt dem Wegweiser »Erpeler Ley« auf breitem, ebenem Schotterweg. An einer Wegegabel zweigt man nach rechts entlang eines Zaunes ab. Schon bald geht es über einen Trampelpfad talab und dann wieder links schräg nach oben. Man wird durch einen schönen Ausblick auf das **Kloster Apollinarisberg** mit seinen vier Türmen und **Remagen** am anderen Rheinufer belohnt.

Steil geht es bergab zur **Burg Vilzelt**. Ein Abstecher zur Burg lohnt nicht. Gegenüber dem zweiten Haus steht eine GPS-Markierung »Burg Vilzelt«, UTM 374847/5605896. An diesem UTM-Standort befindet sich links ein Wegkreuz. Hier biegt man entlang eines Baches auf einen schmalen Trampelpfad nach links ein. In dem rinnenartigen Weg, der bei

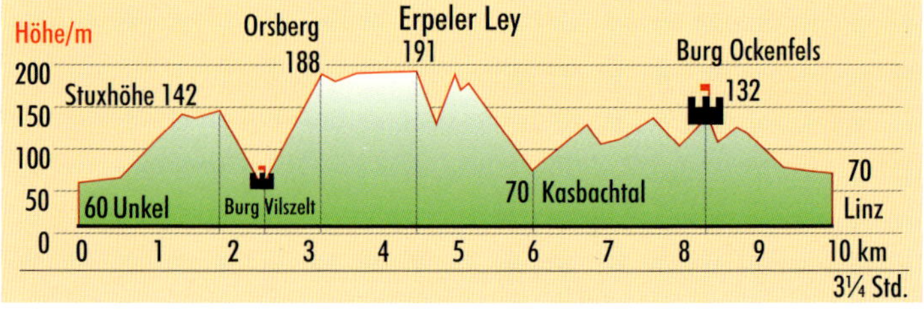

Blick von der Erpeler Lay. Im Vordergrund die Überreste der berühmten Brücke von Remagen.

Regen besondere Freude bereitet, geht es steil nach oben.

Durch Streuobstwiesen gelangt man nach **Orsberg**. Vom Ortseingang geht man geradeaus weiter in die Kapellenstraße. Ca. 50 m hinter der kleinen Kirche ein Schild »Orsberg 188 m NN«, UTM 375631/5605966 und rechts ein Gässchen mit einem holzgeschnitzten Schild »Zum Brünnchen«. Wenn es auch so aussieht, als könne man die Brunnengasse nicht weitergehen, so führt der Rheinsteig doch hier entlang. Auf einem gekiesten Trampelpfad geht es eng zwischen Häusern hindurch hinaus in die Wiesen. An einer Holzhütte vorbei strebt der Weg auf einen Wald zu. Am Ende der Waldstrecke öffnet sich an einer Eiche mit vier Stämmen und einer Bank ein weiter Blick nach Nordosten über Pferdekoppeln und Felder. Der Weg führt jetzt geradeaus zwischen zwei rot-weißen Sperrpfosten hindurch (breiter Schotterweg). Sofern Sie die Strecke mittags passieren, laufen Sie einfach Richtung Sonne nach Süden.

Nach wenigen hundert Metern gabelt sich der Weg an einem großen »A«, gebildet aus einem Strommast mit zwei Schenkeln. Hier geht man nach rechts zur **Erpeler Ley** (Schöne Rheintalsicht, im Krieg zerstörte **Brücke von Remagen**, Gastronomie) oder, falls man die Ley nicht besuchen und schnell in **Linz** sein will, geradeaus.

Auf dem Erpeler-Ley-Weg kann man an einer Bank (links) dem weiß-schwarzen Rheinhöhenweg-Zeichen nach rechts folgen. Nach einer kleinen Weile kommt man zur Erpeler Lay 191 m NN, UTM 375910/5604955. Hier finden Sie ein Café-Restaurant, in dem Sie sich ausgiebig erfrischen können (Ruhetage Mo/Di).

UNTERKUNFTS-MÖGLICHKEITEN

Linz a. Rhein *(Unterkunftsverzeichnis erhältlich im Rathaus am Markt; hier nur eine Auswahl):* *Alt Linz*, Mittelstr. 15. Tel. 02644-2483; *Burgklause*, Burgplatz 11, Tel. 02644-2466; *Café Weiß garni*, Mittelstr. 7, Tel. 02644-962412; *Palm*, Vor dem Leetor 13, Tel. 02644-2532; *Rheinparkhotel Bucheneck*, Linzhausenstr. 1, Tel. 02644-9420, *Weinhaus Rebenhof*, Vor dem Leetor 2, Tel. 02644-2680; *Zur Mühle*, Mühlengasse 17, Tel. 02644-3224.

Von einem großen Kreuz aus hat man einen schönen Blick auf Remagen und das ▸ **Kloster Apollinarisberg** mit seinen vier Türmen. Direkt am gegenüberliegenden Rheinufer sieht man die alten Brückenpfeiler der aus dem 2. Weltkrieg und dem Film berühmten »Brücke von Remagen«. Unterhalb des Kreuzes auf der rechten Rheinseite liegt der Ort **Erpel**.

Vom Kreuz geht man entweder zurück zum Gasthaus und hält sich dann rechts oder wendet sich am Kreuz nach links und umrundet die Wiese zu einem weiteren Aussichtspunkt mit schönem Blick nach Süden. Hier steht ein Gedenkstein »Der ersten Fahrt eines lenkbaren Luftschiffes über dem Rhein. Sturmfahrt Sr. Excellenz des Grafen von Zeppelin mit Z 2 am 2. August 1909«. Von diesem südlichsten Punkt der Erpeler Ley blickt man nach **Linz** und **Ockenfels**.

Nun geht es vorbei an einem Sendemast. Man folgt dem weißen »R« auf schwarzem Grund. Wenig später gabelt sich der Weg. Beide Zweige sind mit Rheinsteigzeichen markiert. Man nimmt den rechten Weg, will man Richtung Wiesbaden laufen. Der linke Ast führt via Drachenfels nach Bonn.

Sobald man an eine Stromleitung kommt – es ist jene, die man an dem Strommast-»A« verlassen hat – wendet man sich nach rechts bergab. Ein steiler, bei nassem Wetter rutschiger Abstieg mit einem völlig ungeeigneten Handlauf führt nach **Kasbach** (70 m NN, UTM 376912/5604931). Man folgt der Straße nach rechts und biegt nach 150 m in der nächsten Rechtskurve links in den Hödenbuschweg ein. 30 m weiter biegt man abermals links ab und unterquert den hohen Viadukt der **Kasbachtalbahn**, auf dem heute nur noch an Wochenenden ein Museumstriebwagen von Linz nach **Kalenborn** fährt. An dem Brückenpfeiler hält man sich rechts.

100 m hinter der Brücke zweigt ein Trampelpfad vom Weg ab und in steilen Serpentinen hinauf zur Eisenbahn und noch ein Stück weiter bergan. Wanderstöcke empfohlen!

Hinter einem eingezäunten Wiesengrundstück mit Grillplatz befindet sich ein missverständliches Wander-Zeichen. Hier biegt links ein Weg mit einem Reiter-Sperrschild ab, der je-

Das Kloster Apollinarisberg

Die Siedlungsstelle ist uralt, schon aus der Römerzeit bekannt und sicher noch älter. Im 6.Jahrhundert, in fränkischer Zeit, hieß sie Martinsberg. 1110 errichteten Benediktiner eine Propstei. Anfang des 15. Jh. begann die Verehrung des Hl. Apollinaris, der Berg wurde in APOLLINARISBERG umbenannt.

Während der französischen Revolution wurde das Kloster wie so viele andere aufgehoben, die Gebäude als Stallungen benutzt. (Dies widerfuhr auch dem Kölner Dom). Mit der Zeit verfielen sie. Der Graf Fürstenberg-Stammheim ließ ab 1839 eine neue Kirche bauen, die 1857 geweiht wurde. Sie sehen wir heute mit ihren schlanken Türmen.

Nun zogen Franziskaner ein. Nach allerlei Fährnissen im Laufe der Zeit ist das heutige Kloster seit 1980 Ausbildungsstätte der Kölner Franziskanerprovinz.

Kasbachtalbahnviadukt.

Die **BURG OCKENFELS** stammte aus dem 11. Jahrhundert, war jedoch total verfallen. 1923 wurde sie wieder neu aufgebaut und beherbergt heute eine Gastronomie sowie Büros. Sie ist also nicht wirklich alt.

Die kath. Pfarrkirche St. Martin in Linz.

Pfarrkirche St. Martin

Die katholische Pfarrkirche St. Martin wurde 1206-1214 an Stelle einer fränkischen Kirche erbaut. In der dreischiffigen Pfeileremporen-Basilika vereinen sich spätromanische, frühgotische und spätgotische Baueinflüsse. Sehenswert sind die Wandmalereien (um 1230). Auf dem Kirchhof befinden sich Grabsteine aus fünf Jahrhunderten. Die Pfarrkirche ist geöffnet samstags und sonntags von 14.15 Uhr-18.00 Uhr.

doch nicht gemeint ist. Der Rheinsteig führt geradeaus und eben weiter.

In **Ockenfels** folgen Sie an einem Straßenstern dem weißen »R« auf schwarzem Grund nach rechts Richtung Kirche. Wenn Sie jedoch einen kleinen Abstecher zu der Kirche in **Ohlenberg** machen möchten, biegen Sie nach links in den Ohlenberger Weg ab.

Vor der Kirche in Ockenfels befindet sich der St.-Donatus-Platz mit einem Hinweisschild »Zum Rheinsteig« nach rechts. Hier geht es auch zur ▶ **Burg Ockenfels**. Am Beginn des Weges steht eine Markierung »Ockenfels 132 m NN«, UTM 377608/5604179. Zur Burg sind es nun noch gut 300 m. Man kann aber auch an der Kirche geradeaus direkt nach Linz gehen.

Beim Verlassen der Burg darf man sich durch einen Wanderhinweis nach links nicht täuschen lassen: Der Weg nach ▶ **Linz** führt die Fahrbahn entlang geradeaus bergab. Weiter unten im Ort, aber noch lange nicht in Linz, ist in der links abwinkelnden Talstraße ein Sackgassenstück von 20 m nach rechts. Hier geht es wieder bergauf. Auf halber Höhe am Hang hinter einem schönen Aussichtspunkt zum Rhein geht es an einem alten Zaun schräg rechts hinunter (gut markiert).

Nach einer kleinen Weile kommen Sie auf einen steil bergab

führenden, asphaltierten Weg. Wo in diesen ein Wassergitter quer über die Straße eingebaut ist, zweigt der Rheinsteig nach links ab.

An einer kleinen Kapelle biegt man rechts ab auf eine Kirche zu. (Markierung »Lohhohl 73 m NN«, UTM 378247/5603321). Rechts neben der Kirche – es ist die evangelische Pfarrkirche von Linz, gebaut 1865 – befindet sich ein Einkaufszentrum mit allerlei Läden, in denen man sich vermutlich kostengünstig versorgen kann. Auch eine Apotheke ist hier zu finden.

Man umrundet die Kirche im Uhrzeigersinn und folgt der Katharinenstraße (ehemaliger Katharinenhof der Zisterzienserinnen 1257–1803) nach links in die Altstadt. An zwei großen Linden und einem gepflasterten Wasserspiel biegt man nach rechts ab. Der Rheinsteig führt mitten auf den Marktplatz von Linz mit seinen Cafés und Restaurants.

Der Rheinsteig verlässt den Marktplatz schräg links durch die Kirchstraße. An deren Ende geht es links hinauf in die Straße »Kirchplatz«. Nun noch 28 Stufen, und man steht vor der ▸ katholischen Pfarrkirche St. Martin (sehenswert).

LINZ AM RHEIN ist eines jener Städtchen, die zu der berühmten Rheinromantik beigetragen haben: Schöne Fachwerkhäuser, buntes Treiben und weit zurückreichende Geschichte. Schon in vorgeschichtlicher Zeit war die Gegend besiedelt, 873 wird Linz urkundlich erwähnt. Der heutige Stadtkern stammt weitgehend aus dem 14./15. Jh.

Das politische Bonn der Nachkriegszeit führte seine Gäste gern in die Fachwerkstadt, die 1320 Stadtrecht bekam. Das Rathaus am weitläufigen Markt, das Rhein- und das Neutor aus dem 14. Jh., die kath. Pfarrkirche St. Martin von 1214 und viele Ecken und Winkel sind einen Stopp wert. Berühmt ist eine Schlitzohrigkeit der Linzer im 20. Jh. Weil die Versicherungsprämien für Fachwerkhäuser zu hoch geworden waren, verputzten viele ihr Gemäuer, bemalten die neuen Fassaden bunt, und die Prämien sanken. Um das historische Linz wieder hervorzuholen, wurde der Putz in den letzten Jahren weitgehend wieder abgeschlagen, und nun erstrahlt die Stadt wieder in alter Schönheit.

Das mächtige Rathaus am Marktplatz im Renaissance-Stil ist eines der ältesten in Rheinland-Pfalz. Es wurde 1517–1527 erbaut. Das war zu der Zeit, als Martin Luther seine 95 Thesen an der Schlosskirche zu Wittenberg (1517) anschlug. Eine Gedenktafel erinnert an Bürgermeister Castenholz, der von den Schweden im 30-jährigen Krieg 1632 enthauptet wurde.

Brunnenplatz in Linz.

Von Linz nach Rheinbrohl

Charakter: Die heutige Tagestour ist wegen der Gesamtsteigung von etwa 1000 Metern und der Streckenlänge von 19 km nicht ganz leicht. Sportliche Leute könnten bis Hammerstein (ca. 24 km) gehen.

Hinter der Linzer St.-Martins-Kirche wendet man sich an einem großen Kruzifix von 1884 rechts aus dem Friedhof heraus, geht die Fahrstraße 50 m rechts hinauf und folgt einem Wegweiser »Kaiserbergstadion« scharf links. Das krankenhausähnliche rote Backsteingebäude linker Hand ist die Seniorenresidenz St. Antonius. Nun geht man in langen Serpentinenschlägen bergauf bis zur **Donatuskapelle**, die 1860 von Franziskanern als Wallfahrtskapelle erbaut wurde und eine wechselvolle Geschichte hat (am Gebäude nachlesbar). Am nachfolgenden Sportstadion hält man sich rechts. Ein paar Meter weiter sieht man unten im Strom die Rheinfähre von **Linz** nach **Kripp** (Personen- und Autofähre). Südlich von Kripp entdeckt man eine Flussmündung: Die **Ahr**. In die Berge hinein nach Westen schlängelt sich das **Ahrtal** nach **Neuenahr**, **Altenahr** und **Ahrweiler**.

Sobald der stellenweise steile Trampelpfad unten an den ersten Häusern an einer Treppe endet, wendet man sich nach links vorbei an verwunschenen Gärten – auch ein paar freundliche Gartenzwerge grüßen den Rheinsteigwanderer – in ein wildromantisches Bachtal. Am Ende der Gärten kommt an einer verrohrten Bachüberführung ein breiter Querweg. Ihn kreuzt man an einer Bank ein Stück vor der Schutzhütte und geht schräg rechts einen Trampelpfad bergauf (nicht den Weg an der Hütte). Oben angekommen, hält man sich rechts, bis man zu einem Sportplatz kommt. Man umrundet ihn im Uhrzeigersinn. Recht eingeengt durch eine Balustrade erreicht man eine Hütte am Platzrand, hinter der man auf schmalem Fußweg links steil bergan steigt. Oben folgt man einem etwas breiteren Querweg nach rechts.

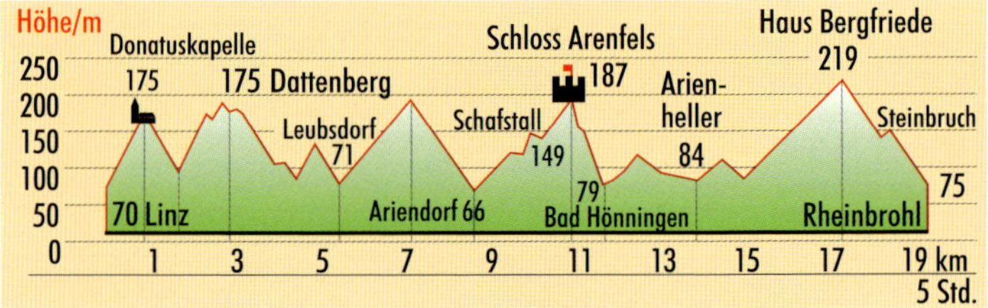

Unterkunfts-Möglichkeiten

Bad Hönningen (nur eine Auswahl)
Bären, Bischof-Stradmann-Str. 10; Tel. 02635-9519-0, *Bit-Eck*, Hauptstr. 128; Tel. 02635-920181; *Charly's*, Neustr. 36; Tel. 02635-4827; *Christel*, Bischof-Stradmann-Str.31; Tel. 02635-1336; *Lindenwirtin*, Neustr. 29; Tel. 02635-2391; *Türmchen*, Hauptstr. 46; Tel. 02635-2379; *Valentino*, Hauptstr. 122; Tel. 02635-1271.

Rheinbrohl
Hotel/Restaurant Jägerhof, Arienhellerstr. 10; Tel. 02635-92255-0.

Hammerstein
Hotel Emmel, Markenweg 23; Tel. 02635-2497.

Nach kurzem Abstieg gelangt man auf eine asphaltierte Gemeindestraße in **Dattenberg**. An einem Verkehrsspiegel hält man sich links. Man folgt der Straße »Neuer Weg«. 200 m weiter biegt man rechts ab in einen alten ▶ Friedhof mit Kapelle.

Der historische Friedhof Dattenberg und seine alte Kapelle

In dem aufgelassenen Friedhof, heute einem Park, sieht man noch alte Gräber des 18. Jh. Die Kapelle ist der unter Denkmalschutz stehende Chor der ältesten Dattenberger Kirche. Seine Stilelemente weisen in die Mitte des 13. Jh. Für das Jahr 1315 gibt es einen Nachweis, dass hier ein Kaplan Gottesdienst abhielt. Nachdem man eine neue Kirche auf der Anhöhe gebaut hatte, wurde die alte Kirche abgerissen, und nur der Chorraum blieb erhalten.

Unser Weg verlässt den Park an der Kapelle nach links bergauf. Bei einer Markierung »Dattenberg Kirche 170 m NN«, UTM 379071/ 5601684 wendet man sich nach rechts, am nächsten T-Stück für 20 m nach links und sofort wieder in die Straße »Auf der Gasse« nach rechts. Ehe Sie in die Gärten kommen, zweigt rechts die Straße »Auf dem Hüttenbaum« ab. Folgen Sie ihr und gehen Sie dann einen Wiesenweg, bis er nach links abbiegt.

Ein Stück weit geht es nun auf der Abbruchkante des Berges in etwa 60 m über dem Rhein nach Süden. Man gelangt an eine schön gelegene Aussichtsbank mit einem Kruzifix. An der Bank geht man nach schräg rechts unten.

Am Ende des interessanten Hangweges mit seinen vielen Aussichtspunkten wandert man an einem Drehkreuz, dem Rheinsteig folgend, links oder nach **Leubsdorf** (Bahnhof) rechts in Richtung Kirche.

Der Rheinsteig umrundet auf halber Höhe das Tal. Es ist fraglich, ob es sich lohnt, wegen eines einzigen – allerdings schönen – Ausblicks auf Leubsdorf den Aufstieg an dem Drehkreuz nach links zu nehmen. Man kommt letztlich doch wieder in den oberen Ortsteil, was einfacher

Donatuskapelle in Linz.

Kirche von Leubsdorf.

und schneller vorbei an der Pfarrkirche und dann links haltend durch das Dorf zu bewerkstelligen ist.

Vom Berg kommend stößt man an einem Schild »Schützenhalle« auf eine Hauptstraße, der man nach rechts bergab folgt. An einem (geschlossenen) Gasthof »Alte Mühle« (die Schrift ist noch vorhanden) biegt man links in einen schmalen Weg »Im Graben« ein. Hat man jedoch den Weg durch das Dorf gewählt, geht man taleinwärts. Dann zweigt »Im Graben« natürlich rechts ab. Auf schmalem Trampelpfad geht es – wohin wohl? – bergauf, zunächst durch Wald, dann durch eingezäunte Wiesen.

Wenn Sie eine Hochspannungsleitung unterquert haben, biegt 150 m weiter der Weg rechts ab. Achtung! Sofern Sie später die Hochspannungsleitung in einer weiten Linkskurve noch einmal gekreuzt haben sollten, sind Sie zu weit gegangen! Der Weg führt stattdessen an einer Obstplantage entlang eines Zaunes rechts Richtung Südwesten. Charakteristisches Detail: Von der Hochspannungsleitung gehen senkrechte Drähte zu einer anderen Leitung ab. In den Wiesen kommen Sie an einen Wegestern, an dem Sie nach rechts Richtung Rheintal abbiegen. Man läuft jetzt ziemlich genau nach Süden. Das Rheintal ist deutlich schmaler geworden. Die Berge im Westen liegen zum Greifen nahe.

Wenn der Feldweg eine scharfe Serpentine nach links macht, sieht man rechts einen Pfosten mit einem Schild »Zum kühlen Grund« sowie »Aussichtspunkt Helle-Au«. Hier zweigt unser Wanderweg nach rechts auf einen Trampelpfad ab. Schon bald gelangt man an einen sehr schönen Aussichtspunkt mit zwei Bänken. Der Ort zu Füßen ist **Ariendorf**.

Das Schloss Arenfels

Das prächtig anzuschauende Schloss, das mit dem runden gelben Turm, wurde in seinen Ursprüngen 1258 gebaut von Gerlach v. Isenburg. Im 16. Jh. entstand der Mitteltrakt im Renaissancestil. 1848 erfolgte ein neugotischer Umbau.
Nach einer schaurigen Sage gibt es zwei Schlossgeister – einen früheren Schlossherren und seinen jüngeren Bruder. Der Jüngere ließ den Älteren im Turm verhungern. Als er nachsehen wollte, ob sein Bruder gestorben sei, schlug der Wind eine schwere Tür zu und der Mörder seinerseits verhungerte. Und so spuken sie denn noch heute, wenigstens unten bei einem Fest in Bad Hönningen.

Am Ende einer Knüppeltreppe mündet der Weg auf einen Fahrweg, dem man nach rechts abwärts folgt. Man kommt an die »Alte Kapelle«, gebaut 1712. Gegenüber stehen schöne Fachwerkhäuser und in einem Vorgarten eine alte Weinkelter.

Gemeinsam mit dem Rheinhöhenweg führt der Rheinsteig durch die Bergstraße wieder aufwärts. 100 m weiter, vor einem Kriegerdenkmal und der Kirche, eine Landmarke »Ariendorf 66 m NN«, UTM 379281/5598973. An diesem Wegweiserpfahl sind es nach Bad Hönningen noch 2,9 km, nach Arienheller 5,4 km und nach Rheinbrohl 11,2 km.

An einer Feuerwehrausfahrt vorbei folgt der Weg einer betonierten Sackgasse. Folgen Sie ihr bis hinter eine weißrote Schranke. Nach der nächsten Rechtskurve biegt man auf einen breiten Schotterweg und nach abermals 150 m rechts in eine Kastanienallee ab. Sie wurde vor langer Zeit von den Schlossherren von Arenfels angelegt, sozusagen eine Privatstraße.

50 m vor einem mit einem großen Gitter geschützten Absturz biegt der Weg an einem Pfahl »Burgland 126 m NN«, UTM 379622/5598227 links ab. Wenn man an dem Gitter steht, weiß man, warum es angebracht wurde: Die Felswand fällt etwa 60 m senkrecht ab, und den Leuten unten soll nichts auf den Kopf fallen.

Nach einer Weile gelangt man an ein schönes altes Fachwerkhaus und hat, ohne es zu merken, einen riesigen Steinbruch umgangen, in dem Archäologen Spuren von Eiszeitmenschen fanden.

Ehemaliges Gesindehaus am Schafstell.

Man wendet sich nach rechts. Die Ansammlung von zwei oder drei Häusern wird in der Wanderkarte mit »**Schafstall**« bezeichnet. Am Wagenunterstand führt der Weg vorbei an einem verfallenen Marterl und ei-

Schloss Arenfels.

nem uralten Steinkreuz mit der Jahreszahl 1554 nach links den Berg hinauf.

Man gelangt nun in den Bereich oberhalb von ▶ **Bad Hönningen** und hat das prächtige ▶ **Schloss Arenfels** und weite Weinberge zu Füßen, die sich bis hinunter zur Rheintal-Bundesstraße B 42 hinziehen. Es empfiehlt sich übrigens nicht, im Herbst von den Weintrauben zu naschen: Erstens ist es verboten und zweitens sind sie möglicherweise mit Giften gespritzt. Vielleicht gerade erst gestern...!

An einer Bank unterhalb der zweiten Hütte biegt der Rheinsteig in einer Haarnadelkurve nach rechts bergab. Man verlässt bald die Weinberge durch ein Zauntor (bitte wieder schließen) und befindet sich unversehens in einem Lianenwald – jedenfalls wirken die Schlingpflanzen so. Der schattige Weg nach der (hoffentlich!) herrlichen Sonne tut richtig gut. An einem T-Stück folgt man der Serpentine nach unten. Der Weg weitet sich zu einem Asphaltsträßchen »Am Paffelter« und trifft unten auf eine Hauptstraße, die man nach links geht. Nach 50 m folgt man an einem Wegweiser »Oelsberg« der Straße »Zum Kronenborn« nach rechts. 100 m weiter biegt man rechts in die Straße »Hömshohl« ein. Vor-

Kohlensäure in Bad Hönningen

In Bad Hönningen entdeckte man anno 1859 auf Grund von verkümmerten Rebstöcken die ersten Kohlensäure-Vorkommen. 1883 wurde neben dem heutigen Rheinsteig ein Kohlesäurevorkommen (Hinweisschild) erbohrt, das lange den Bedarf an CO2 deckte. Hier begann die Geschichte der Hönninger Kohlensäure-Industrie. Den Bohrlochverschluss sieht man noch heute. Durch das Niederbringen einer Tiefbohrung 1894 an anderer Stelle verlor die Teufe, an der Sie hier vorbeikommen, allerdings wieder an Bedeutung.

Der Limes

Die Römer hatten vor rund 2000 Jahren Teile Germaniens erobert, aber eben nur Teile. Sie befestigten im 1. Jh. n. Chr. die Grenze gegen die Germanen durch einen etwa 500 km langen Wall mit Holztürmen, die untereinander Sichtverbindung hatten: Den LIMES.
Dieser Verteidigungswall begann am Rheinufer bei Rheinbrohl und zog sich über Butzbach – Miltenberg – Lorsch – Gunzenhausen bis an die Donau bei Eining. Der Wall bekam schließlich Holzpalisaden, einen Graben und später teilweise eine Mauer. Es gab mehr als 1000 Wachttürme und über 100 Kastelle. Um das 4. Jh. herum verfiel die Befestigungsanlage, deren Reste man jedoch noch heute hier und da sehen kann. Einige der Türme standen im Gebiet von Rheinbrohl-Arienheller. Die Standorte und Wallreste kann man besichtigen.
Weitere Bauwerke dieser Art sind der Hadrianswall im Norden Englands sowie Wälle unter anderem auf der Balkanhalbinsel und in Afrika.

bei an einem Carport wandert man durch Obst-Vorgärten, um am Ende eine Unterführung unter der Bundesstraße B 42 rechts liegen zu lassen und parallel zu dieser Straße den Kapellenweg entlang zu marschieren. Es folgt abermals eine Unterführung, die man unbeachtet lässt. 30 m hinter ihr zweigt der Weg nach links über eine Treppe hinauf.

Man hat die letzten Häuser von **Bad Hönningen** verlassen und wandert parallel zu der Bundesstraße, jedoch etliche Meter höher, eine kleine Landstraße entlang. Vor einer Überführung über die B 42 steht ein Wegweiser-Pfosten »Pleiderstal 87 m NN«, UTM 381193/ 5597151. Vor der Brücke links abbiegen und dem Wegweiser »Arienheller 800 m« folgen. An einem Beton-Leitungsmasten geht der Rheinhöhenweg markiert rechts, der Rheinsteig links (also geradeaus) weiter.

Vor dem Parkplatz des **Gutes Arienheller**

Römerturm Nr. 1 am Anfang des Limes.

(bekanntes Mineralwasser) zweigt unser Wanderweg zweimal rechts, also in die Gegenrichtung auf die gegenüberliegende Wiesenseite ab. Im Restaurant »Zur alten Mühle« kann man einkehren (Ruhetage Mo + Di). Pfosten »Arienheller 84 m NN«, UTM 381781/ 5596763.

An einem Transformatorenhäuschen biegt unser Weg vor einem Wohnhaus links ab. Hinter einer Schutzhütte (»Adenauer-Hütte«) gelangt man auf einen breiten Schotterweg, dem man nach rechts folgt. Der Ort unterhalb des Weges mit dem hohen Kirchturm (Mitte 19. Jh.) ist **Rheinbrohl**. Auf der gegenüberliegenden Rheinseite **Burg Rheineck** (11. Jh., erbaut von den Pfalzgrafen zu Salm und im 19. Jh. in mittelalterlicher Form wieder aufgebaut). Nördlich davon, etwa gegenüber Bad Hönningen sieht man **Bad Breisig**.

Nach einer Weile stößt man zwischen den ersten Häusern von **Rheinbrohl** auf ein T-Stück. Wenn Sie im Ort zu gutem Preis/Leistungs-Verhältnis übernachten wollen, gehen Sie die Straße rechts immer geradeaus. Sie können jedoch

Reste des Limes bei Arienheller.

☞ **Abstecher:** Auch der ▶ **Limes-Wanderweg** ist hier gekennzeichnet. Römertürme des Limes befanden sich in 1,8 km Entfernung, ein Stück Originalwall ist unterwegs noch zu erahnen. Der Abstecher ist stellenweise hübsch, jedoch kein Muss.

auch über **Lampenthalerhof** und Haus Bergfriede noch bis Ortsmitte (kath. Kirche) wandern und dort den Tag beenden.

Das nächste Hotel hinter Rheinbrohl liegt ungefähr 8 km weiter in **Niederhammerstein**. In diesem Fall schwenkt unser Wanderweg von dem T-Stück nach links bis zur nächsten Querstraße. Man biegt rechts in die Delmondstraße ein. Nach etwa 250 m wendet man sich vor dem Haus Nr. 40 scharf nach links auf Gegenkurs. Schon bald wandern wir wieder auf schönem Weg oberhalb einer lang gestreckten Streuobstwiese.

Man verlässt den Wiesenweg und kommt auf eine nach rechts führende Straße. Achtung, Mausefalle! Bereits nach 20 m verlässt man die Straße wieder nach rechts in die Wiesen hinein. Es gibt zwar ein Wanderzeichen, jedoch läuft man leicht an dem Pfosten vorbei. Würde man diesen Abzweig verfehlen und auf der geteerten Straße weiter bis auf Bergeshöhe laufen, so müsste man nicht unbedingt zurück, sondern könnte oben auf einem schmalen Weg zum Rheinsteig queren. Auch hier gilt: Sollte man einmal nach 500 m kein blaues Wegeschild mit dem weißen »R« gesehen haben, ist irgendetwas faul an der Sache.

Vorbei an einem Hochsitz schwingt der Weg in einer weiten Linkskurve zu dem nächsten Ansitz. Von der Weide haben Sie einen schönen Ausblick auf Rheinbrohl, den Rhein und Burg Rheineck. Es ist praktisch, auf die Füße zu achten, weil die Kuhherde Tretminen gelegt haben könnte. Rinder sind im Allgemeinen friedlich und allenfalls ein bisschen neugierig. Sie tun Ihnen wahrscheinlich nichts. Sollten Sie einen Hund mitführen, wird gebeten, ihn anzuleinen, damit die Kühe nicht in Panik geraten.

Nach genussvoller Wanderung durch alte Streuobstwiesen

Kirchturm von Rheinbrohl.

Blick von der Rheinbrohler Lay hinunter.

gelangt man an eine schmale, geteerte Straße. (Markierung »Engeltal 212 m«, UTM 382811/ 5595566). Man folgt der Straße nach links. Nach 200 m biegt man rechts auf einen geschotterten Forstweg ab. 100 m weiter gabelt unser Weg nach rechts. Für Leute mit Kompass: Kurs West liegt an, der dann langsam nach Südwest auswandert.

Querwege, die nun nach rechts abzweigen, lässt man unbeachtet. In einer Rechtskurve geht man geradeaus weiter. In einer winzigen Senke mitten im Forst zweigt ein Trampelpfad, gut an einem Baum markiert, links ab. In langen Serpentinen geht es jetzt bergab zum »Haus Bergfrieden« (früher Restaurant, jetzt privat). Vorbei an Volieren und anderen Kleintierställen führt der Rheinsteig schräg links weiter abwärts. In einer linken Kehrkurve an einem uralten aufgelassenen Steinbruch zweigt der Wanderweg von der Teerspur nach rechts ab. Man biegt nach einer Weile um eine Wegesecke – und hat vor sich die Kirche von Rheinbrohl und auf der anderen Rheinseite wieder Burg Rheineck und **Bad Breisig**. Im Norden – rheinabwärts – sieht man die Industrieschlote von Bad Hönningen sowie hübsch am Hang gelegen Schloss Arenfels. An einem T-Stück oberhalb der Kirche geht man links bergab.

Vorbei an einem alten Fachwerkhaus gelangt man an einen Verkehrsspiegel. Hier biegt man entsprechend dem Wanderwegweiser zur **Rheinbrohler Ley** links ab. («Kehrstraße 75 m NN«, UTM 381934/5594831) oder geht zum Übernachten nach rechts in den Ort hinein.

Von Rheinbrohl nach Rengsdorf

Charakter: Wegen der Länge – ca. 26 km ab Rheinbrohl kath. Kirche – und vielen Steigungen ziemlich schwer. Reine Laufzeit ungefähr 7 Stunden, mit Pausen und Aussichtsstopps kommt man auf gut 10 Std.

Am Rheinsteigschild »Kehrstraße«, an dem Sie vermutlich den gestrigen Tag beendet haben, biegen Sie sofort nach 20 m am Haus Nr. 136 rechts ab und steigen in einer Serpentine bergauf. Über ein sehr großes in den Weg eingelassenes Wassergitter hinweg hat uns die Natur wieder. Man folgt jetzt dem Wegweiser »Ehrenmal«. An einem eingezäunten Grundstück mit schmiedeeisernem Tor steht ein Steintisch. Hier biegt man schräg rechts in einen Fahrweg ab.

Durch urige Gartengrundstücke, mal mehr, mal weniger gepflegt, manchmal auch völlig verwildert, führt der Weg für wenige hundert Meter parallel zum Rhein. Nach dem letzten Garten hübscher Blick auf **Brohl-Lützing** am linken Rheinufer und **Schloss Augustaburg**. Hinter einer Bank rechts des Weges verengt er sich zu einem Trampelpfad, der sich leicht bergan hinaufzieht zur **Rheinbrohler Ley**, die bald in Sicht kommt.

Einem Schild »Zur Kanzel« braucht man nicht unbedingt zu folgen, hat jedoch von dort einen weiten Blick rheinabwärts. Unser Weg führt in Serpentinen weiter bergauf und kommt zu einer Gedenkstätte des Infanterie-Regiments 29. Anschließend führt er schräg rechts an dem Gebäude vorbei bergan.

Nach ein paar Metern sieht man weiter oben einen Fahnenmast und eine Hütte: Die **Rheinbrohler Ley**, 198 m NN, UTM 382217/5593917. Man hat von hier eine fantastische Sicht rundum. In der Ferne nordwestlich abermals der Radom **Wachtberg**, unten der Jachthafen von **Brohl** und flussaufwärts die Insel **Hammersteiner Werth**.

Man verlässt die Rheinbrohler Ley in nördlicher Richtung auf eine etwa 100 m entfernte An-

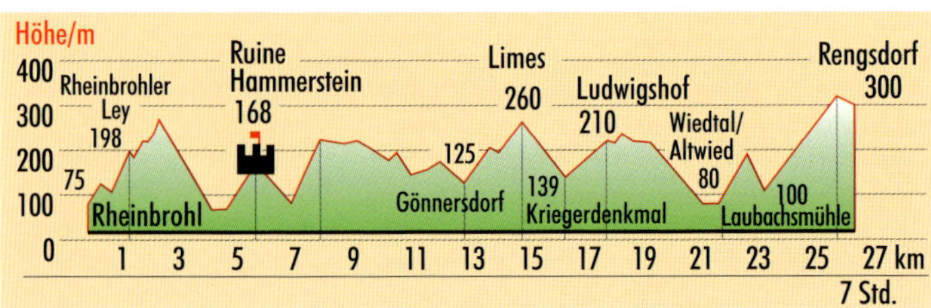

Die Insel Hammersteiner Werth.

tennenanlage zu, hinter der man ein bäuerliches Anwesen sieht. Dies ist der **Annahof**. Das Restaurant ist ab 15 Uhr geöffnet (Ruhetage Mo + Di).

Gehen Sie um den Annahof im Uhrzeigersinn nach rechts auf einen Wiesenpfad parallel zu einer dreipoligen elektrischen Leitung. Am Ende der Weiden geht man nach links den Waldrand entlang. Hundert Meter nach Eintritt in den Wald zweigt rechts ein steiler Weg nach **Hammerstein** ab. Unser Weg führt jedoch leicht steigend weiter geradeaus.

Wo die Serpentine in einen breiteren Fahrweg einmündet, erreicht man die **Kelmert** (139 m NN, UTM 383528/5593943). Hier folgt man dem breiten Weg nach rechts unten. Nach **Hammerstein** ist es nun noch 1 km, nach **Leutesdorf** 8 km, nach **Neuwied** 10 km und nach **Feldkirchen** 12 km.

Man erreicht das »Hammersteiner Bach«-Tal und geht in den Ort hinein. Die Bahnstrecke wird unterquert. Der Rheinsteig verläuft jetzt zum ersten Mal seit langer Zeit wieder direkt am Rheinufer.

Wenn ein Güterzug die Strecke nach Koblenz entlang dröhnt, schmerzen unter Umständen die Trommelfelle und man hofft, dass nicht ausgerechnet in diesem Augenblick die Steine der steilen Mauer des Bahndamms nachgeben. – Aber schließlich haben sie schon jahrzehntelang gehalten.

An einer großen Linde mit einer Bank – hübscher Aussichtspunkt auf den Fluss – geht man links unter der Bahn hindurch auf die Bundesstraße B 42.

☞ Achtung, große Gefahr!

Die intensiv genutzte Fahrbahn liegt nur zwei Meter hinter dem weiß-roten Sperrpfosten.

Man hält sich nach links zu der uralten, in ihren Ursprüngen romanischen Kirche (12. Jh.) in **Oberhammerstein**. Sie ist seit 1335 Pfarrkirche und hat das einzige romanische Doppelgeläute in der Bundesrepublik. 150 m hinter der Kirche geht die Straße Burgweg rechts ab. Man folgt ihr bergauf. Sie wird bald zum gesperrten Fahrweg zwischen alten verwilderten Terrassen.

Nachdem man auf einen geschotterten Fahrweg gestoßen ist, kommt man wenig später an einen rechts etwas versteckten Bildstock und einen Pfahl »Burgfeld 169 m NN«, UTM 383521/559272. Hier biegt man als Abstecher von dem Fahrweg wieder ab und folgt einem handgemalten Schildchen »Zur Burgruine«. Ein Aufstieg über eine Art Klettersteig in die urigen, verfallenen Gemäuer lohnt sich. Schöner Blick nach Süden in das Neuwieder Becken.

Zurück zu dem UTM-Pfosten Burgfeld, folgt man talwärts dem Fahrweg Richtung Feldkirchen/Hüllenberg.

Unterkunfts-Möglichkeiten

Niederhammerstein
Hotel Emmel, Markenweg 23; Tel. 02635-2497

Leutesdorf
Leyscher Hof, Aug.-Bungert-Allee 9; Tel. 02631-73131 (am Rheinufer); *Rheinecker Hof*, Kirchstr. 1; Tel. 02631-9412890 (Ortsmitte);

Neuwied-Feldkirchen
Alt Wollendorf, Feldkirchener Str. 44; Tel. 02631-71130

Neuwied
Drei Schweizer, Schlossstr. 40; Tel. 02631-83760; *Europa*, Marktstr.65; Tel.02631-29058; *Neuwieder Hof*, Hermannstr. 10; Tel. 02631-25216;
Viktoria, Augustastr. 37; Tel. 02631-23766

Neuwied-Oberbieber
Schwanenteich, Zum Aubachtal 99; Tel. 02631-47313; *Wingertsberg*, Wingertsberger Str. 48; Tel. 02631-922255

Rengsdorf
Linde, Westerwaldstr. 35; Tel. 02634-9409410; *Rengsdorfer Hof*, Westerwaldstr. 26; Tel. 02634-2888.

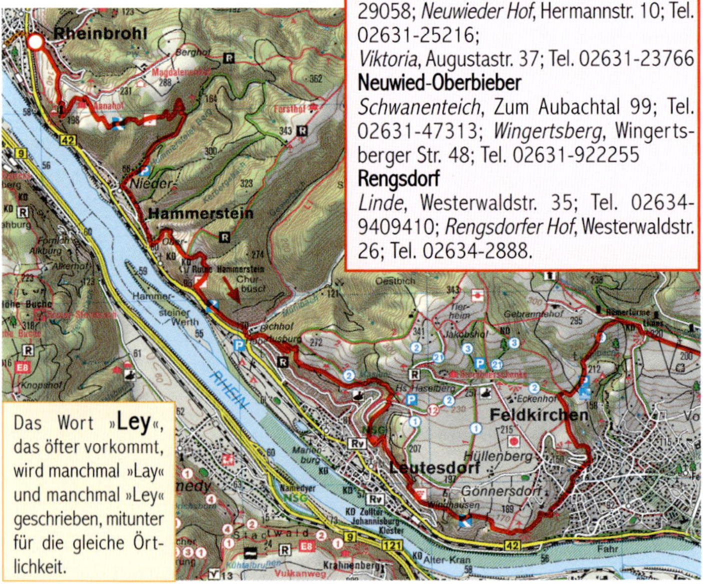

Das Wort »**Ley**«, das öfter vorkommt, wird manchmal »Lay« und manchmal »Ley« geschrieben, mitunter für die gleiche Örtlichkeit.

Der **Hl. Hubertus**, Bischof von Lüttich, geb. um 655, gest. 727, ist der Schutzpatron der Jäger. Er christianisierte die Bevölkerung der Ardennen. Der Legende nach erschien ihm bei der Jagd ein Hirsch mit einem leuchtenden Kreuz im Geweih – die berühmte Geschichte, die ihn zum Patron der Weidmänner machte. Die Sage ist jedoch viel älter und wird dem römischen Feldherrn Placidus (um 100 n.Chr.) zugeschrieben, der sich daraufhin taufen ließ und zum Hl. Eustachius wurde. Im 11.Jh. wurde die Legende auf Hubertus übertragen, vor dessen Bildstock Sie hier stehen.

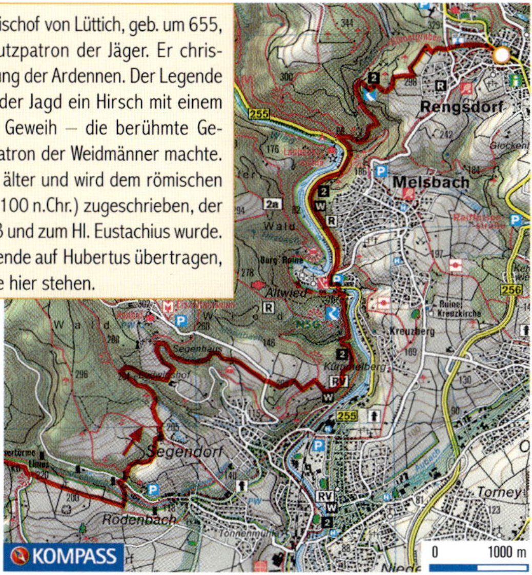

Ziemlich weit unten ist der Weg plötzlich mit Verbundsteinen gepflastert. Hier biegt man nach links ab, bleibt also auf dem gekiesten Fahrweg. Wenig später hat man von einem Beton-Strommast aus noch einmal einen Blick hinauf zur Burgruine Hammerstein und auf die Insel Hammersteiner Werth.

Die Asphaltstraße endet an einer anderen, querenden Straße und einem Wegweiser »Bachhof 74 m NN«, UTM 384069/5591617. Hier biegt man links ab. Rechts vorbei an einem Bildstock mit einem Bildnis des ▶ Hl. Bischofs Hubert von Lüttich umgeht man eine grüne Schranke und folgt dem »Riesling-Wanderweg« sowie dem Rheinhöhenweg (Weißes »R« auf schwarzem Grund). Unser Wegzeichen ist natürlich auch ausgeschildert.

100 m später – links ein Gehöft mit urig angelegtem Wassergarten – zieht unser Weg rechts steil bergauf. Sollten Sie geradeaus gegangen und an einer Bank mit einer geschnitzten Inschrift vorbeigekommen sein, sind Sie zu weit gelaufen.

Burgruine Hammerstein

Die Burg Hammerstein liegt auf einer Felsnase über dem Rhein. Sie wurde im Jahr 1000 erstmals als Reichsburg genannt. 1020 belagerte Kaiser Heinrich II. die Burg wegen einer kirchlich nicht anerkannten Ehe des Grafen Otto v. Hammerstein. 1105 suchte Kaiser Heinrich IV. (der mit dem Gang nach Canossa) vor seinem Sohn Heinrich V auf der Burg Schutz. 1125 wurden die Reichsinsignien in Hammerstein aufbewahrt. 1417 fiel der Adlerhorst nach dem Aussterben der Grafen v. Hammerstein als Reichslehen an das Erzbistum Trier.

Im 30-jährigen Krieg besetzten Spanier die Burg. 1646-54 benutzten Truppen des Herzogs von Lothringen die Burg für Raubzüge und wurden von Streitkräften aus Kur-Trier vertrieben. 1688 eroberten und zerstörten die Franzosen die Burg. Heute befindet sich die Ruine im Besitz der Freiherren von Hammerstein.

Andernach.

Im Nu hat man mit einigen Kehren dreißig, vierzig Höhenmeter gewonnen und wandert auf breitem Wingert-Weg durch Weingärten. Sobald man auf ein Asphaltsträßchen trifft, nach links empor steigen. In einer Höhe von ca. 220 m NN biegt links ein Weg ab, der ein Wanderzeichen für die Gegenrichtung nach Bonn trägt. Richtung Wiesbaden geht man jetzt auf ebener Strecke geradeaus weiter, kommt an ein Tor und geht an einer Hütte vorbei geradeaus. Sehr schöner Ausblick auf **Leutesdorf** auf der rechten Flussseite und ▶ **Andernach** am linken Rheinufer.

200 m hinter der Hütte gabelt sich der Weg. Man nimmt den linken Zweig, der horizontal bleibt. Aus dem Weg ist inzwischen eine Schotterstraße mit Namen Klinker Weg geworden. Wo sie an einem Namensschild Neuer Weg auf eine Asphaltstraße stößt, biegt man links ab auf eine Schutzhütte zu. Vor dieser Hütte geht es rechts ab entlang einer Baumreihe.

Auf dem Weg abwärts wird unser Weg plötzlich stellenweise hochalpin mit Seilsicherung. Hier sollte man trittsicher und schwindelfrei sei, denn rechts des Steigs geht es fast senkrecht bergab. Allerdings hat man diese etwas schwierige Passage nach wenigen Metern überwunden und landet bei dem Vereinshaus des »Touristenvereins Die Naturfreunde«. Allerdings muss man ein *sooo* geübter Kletterer auch wieder nicht sein. Mit festen Schuhen geht es ganz gut. Zu Beginn der Gefällestrecke kann man auch eine gezeichnete harmlose Umgehung nehmen.

Hinter einer scharfen Rechtskurve auf dem inzwischen wieder

Andernach

am jenseitigen Ufer des Rheins ist für den Rheinsteigwanderer nicht ohne weiteres erreichbar. Man müsste in Bad Hönningen die Fähre oder in Neuwied die Rheinbrücke benutzen. Trotzdem: Ein Besuch würde sich lohnen.
In der historischen Altstadt gibt es auch von unserem Weg aus große mittelalterliche Bauten zu sehen. Es grüßt der **Alte Krahnen**, ein seltenes technisches Denkmal aus dem 16. Jh., der noch bis 1911 in Betrieb war. Die Mechanik des Krans ist bis heute intakt.
Der mächtige **Runde Turm** wurde 1440–53 erbaut und ist mit seinen 56 m Höhe und den vier Meter dicken Mauern einer der gewaltigsten deutschen Wehrtürme. Schön zu sehen auch der **Mariendom** mit seinen vier Türmen aus dem 12. Jh.

ebenen und breiten Weg kommt man an eine Mark. »Hohlbach, 164 m NN«, UTM 385561/5590582. Hier zweigt der Rheinsteig nach links und sofort nach 10 m wieder nach rechts ab, oder man kann 500 m nach ▶ **Leutesdorf** gehen, wo es Übernachtungsmöglichkeiten und einen Bahnhof gibt.

Bei ein paar Treppenstufen erreicht man einen Fahrweg am »Haus Vogelsang«, dem man nach rechts folgt. Man ist jetzt wieder auf einem schönen Panoramaweg mit Fotopunkten. Zum letzten Mal der Blick nach Norden zur ▶ **Burg Hammerstein**.

An einem holzgeschnitzten Wegweiser »Windhäuser Hof/Hüllenberg« verlässt man den bequemen breiten Weg nach rechts unten. Am Eingangsbaum steht ein weiteres Schild »Nach Leutesdorf. Achtung, steiler Pfad«. Dem ist nichts hinzuzufügen. Interessant ist dieser Weg, weil er durch aufgelassene Weinberge führt, die völlig freien Blick (ohne Brombeersträucher!) bieten. Trittsicher sollte man schon sein.

Sobald man aus dem ehemaligen Weinberg herausgekommen ist, folgt man einem Teerweg nach links unten. Schon bald wird aus dem Asphalt abermals ein steil abwärts führender Trittpfad durch weitere ehemalige Weinberge und nochmals ein Stück Asphalt.

An einer Wegegabel nach etwa 200 m halten wir uns links leicht bergauf. Ziemlich genau gegenüber dem historischen »Alten Krahnen« auf der Andernacher Seite endet die Teerstraße plötzlich und geht nach links in einen Wingert-Steig über.

Schon in den aufgelassenen Weinbergen oberhalb von **Leutesdorf** wie auch jetzt wieder bemerkt man, dass massiv abgeholzt wurde. Die Landschaftspflege benutzt neuartige Methoden mit Panzerketten, die über das Gelände gezogen werden, um warme Hanglagen und Felder von Büschen, insbesondere von Brombeeren und anderem Gesträuch zu befreien. Damit soll vielen Tier- und Pflanzenarten ein Überleben ermöglicht werden.

Hinter einer solchen Fläche winkelt der Weg nach links. 50 m weiter zweigt unser Steig von dem weiter nach oben führenden Pfad rechts ab.

Burgruine Hammerstein von Süden.

Felssteig bei Leutersdorf.

Nach einigen hundert Metern passiert man eine kleine Gartenanlage und geht wieder einmal durch eine Art Gebüsch-Korridor. Etwas später zweigt der »Schoppenweg« links ab. Der Rheinsteig bleibt geradeaus. Rechts am Weg ein Weingärtchen mit einem Schild FÜLLENBERGER STOLPERSTEIN.

Am unteren Ende des Wingertchens lädt eine Bank mit toller Sicht nach Andernach zum Ausruhen ein. Tritt man aus dem Busch-Gelände heraus auf Wiesen und Felder, gewahrt man eine weiß gestrichene Hütte, an der man rechts vorbei geht. Von hier aus sieht man den optisch nun schon deutlich größer gewordenen Atommeiler **Mülheim-Kärlich** in der Ferne liegen, der in einem tektonisch problematischen Gebiet gebaut wurde und nur 100 Tage lang in Betrieb war. Danach wurde das AKW abgeschaltet.

Ziemlich genau am ersten Haus, das wir passieren, öffnet sich der Blick auf **Neuwied** und das **Neuwieder Becken**. Der Sendemast am südlichen Horizont steht schon hinter Koblenz auf dem **Kühkopf** (382 m).

Wir sind jetzt in den Neuwieder Stadtteilen **Hüllenberg** und **Gönnersdorf**. Man folgt den Straßen Rheinheldestraße, Im Felster, Laygasse und an einem Sackgasseschild, von der Laygasse abbiegend, einem Fußweg in die Straße Bormark. In dieser Straße steht an einem Abzweig eine Mark. »Bormark 150 m NN«; UTM 387548/5590026.

100 m hinter dem UTM-Punkt biegt der Steig nach einer Treppe

Die Stützmauern der Weinberge wurden früher in mühevoller Kleinarbeit während der Wintermonate von arbeitslosen Handwerkern im Tagelohn errichtet. So genannte Wingerts-Häusje sind in den Berg hinein gebaute Unterstände, die den Winzern bei Unwettern Schutz bieten. Die Dächer wurden als Wassersammler benutzt, das man in den Weinbergen zur Herstellung von Spritzbrühe brauchte.

Leutesdorf

Die erste urkundliche Erwähnung findet sich 868 n. Chr. Eine Zollstation gab es seit 1309. Im Ort schöne Fachwerkhäuser und die Pfarrkirche St. Laurentius mit romanischem Turm und gotischem Chorraum. In der Kirche wenige Fresken von 1200/1500. Leutesdorf diente als Hintergrund der TV-Serie »MS. Franziska« mit Paul Dahlke. Sitz der Freiherren von Hammerstein.

links ab. Nach weiteren 30 m geht es rechts vor dem Haus Nr. 11 in eine schmale Gasse Burweg. Man kreuzt die Hüllenberger Straße und geht gegenüber in die Wolfgang-Borchert-Straße.

Bald hinter einer scharfen Rechtskurve biegt unser Weg vor der Gottfried-Keller-Straße bei dem Haus Nr. 12 links ab in eine schmale Auffahrt. Wenn Sie das Straßenschild Von-Ebner-Eschenbach-Straße sehen, sind Sie zu weit gelaufen. Zum letzten Mal kreuzt man eine Fahrstraße und geht gegenüber in den Wald hinein. Später, an einer Wegegabel kurz vor einer 7-poligen Hochspannungsleitung (Bank vor einem alten Obstbaum) nimmt man den rechten Zweig. 50 m weiter bleibt man an einer Wegegabel abermals rechts auf dem geschotterten Fahrweg.

Durch ein Waldstück steigend kommt man wieder auf Wiesen zum nächsten Wald. Achten Sie einmal auf den Kies zu Ihren Füßen: Sie werden viel Bimsstein entdecken, der aus dem Gebiet des **Laacher Sees**, einem einstigen Vulkan stammt.

Am Rande eines Waldes gelangt man auf eine querende Teerstraße, der man nach rechts entlang einer dreipoligen Stromleitung folgt. In der topographischen (1:50.000) Karte im Wald links des Weges eingetragen, in der Natur nicht ohne weiteres zu finden: die Reste von Römertürmen. Hier verlief der **Limes**. An einer weißen Steinhütte hält man sich schräg links.

Wo der geschotterte Feldweg, auf dem wir seit geraumer Zeit wandern, nach rechts abzweigt, steht ein Wegweiser mit der Markierung »Abzweig Irlich, 179 m NN«; UTM 389242/5591177. Hier biegt unser Weg nach links in einen Wald ab.

Im Talgrund trifft man an einem Kriegerdenkmal auf eine schmale asphaltierte Forststraße. Man kreuzt diese Straße und geht unmittelbar hinter der Gedenktafel nach unten zum Bach und über die Rohrbrücke auf breiter Forststraße nach links oben (Nicht über den Holzsteg!).

Blick auf Leutesdorf.

Schneiders Mühle im Buchbachtal bei Rodenbach.

☞ *Wenn Sie die Wanderung in ▶ **Neuwied** beenden möchten, können Sie rechts in den Ort **Rodenbach** gehen. Von dort fährt die Buslinie 59 werktags etwa halbstündlich in die Stadt, an den Wochenenden wesentlich seltener bzw. abends gar nicht.*

In einer Serpentine führt der Rheinsteig geradeaus und biegt nach 100 m rechts ab. Vorbei an Bienenstöcken betritt man wieder eine Streuobstwiese. An einem uralten Baum – daneben eine Bank – biegt man links ab auf eine Stromleitung in 200 m Entfernung zu. Kurz vor der 3-poligen Leitung zweigt man schräg rechts ab und taucht wieder in den Wald ein.

An der nächsten Wegegabel im Wald rechts und man quert den Reichelbach über eine Rohrbrücke, UTM 389382/5592516. An der Rohrbrücke nicht dem Trampelpfad entlang des Bachs folgen, sondern auf dem Weg geradeaus bergauf bleiben. Nach 150 m ist etwa 20 m vor einer Bank ein Wanderzeichen an eine Buche gemalt. Falle: Hier dürfen Sie keineswegs nach rechts in das Tal, sondern müssen noch 30 m weiter und um die Bank herum gehen, ehe der Weg nach rechts am Rande einer Wiese abbiegt. An einem Transformatorenhaus wendet man sich nach links.

Sobald Sie das Feld umrundet haben, biegt der Wanderweg nach rechts in den Wald ein.

Im Talgrund findet sich eine Markierung »Aubach, 213 m NN« UTM 389732/5592719. Hier folgt man dem Bach nach rechts, um sofort nach 30 m auf einen Trampelpfad schräg links bergan einzubiegen. An einem Kreuzweg

Neuwied

Neuwied ist der bedeutendste Wirtschaftsstandort zwischen Koblenz und Bonn. Auf der neuen Rheinbrücke von 1978 kann man auf die gegenüberliegende Rheinseite gelangen. Die Stadt mit ca. 70.000 Einwohnern wurde erst 1653, also kurz nach dem 30jähr. Krieg von Friedrich Graf zu Wied gegründet, jedoch 1693 schon wieder zerstört und später neu aufgebaut. Die um die Kernstadt herum liegenden Ortsteile sind sehr viel älter. Das geologisch berühmte »Neuwieder Becken« ist ein tektonisches Senkungsfeld und tiefster Teil des mittelrheinischen Beckens. Seine fruchtbaren Böden entstammen Vulkanausbrüchen aus der Gegend des **Laacher Sees.**

Die Wied.

(UTM 390374/5592648) lässt man eine Hütte, 40 m querab, rechts liegen und geht geradeaus weiter auf eine Info-Tafel zu. Nach einer Weile überquert man die Kreisstraße K 110 (UTM 390730/5592419). Der Wanderweg biegt dann an einer Naturlehrtafel links ab. 200 m weiter trifft man auf einen von links kommenden Fahrweg und eine einpolige Leitung. Dieser Leitung muss man scharf rechts folgen (UTM 391011/5592443). Das Wanderzeichen befindet sich am nächsten Telegrafenmast rechts.

Ein Stück bergab trifft man auf einen querenden Fahrweg, den man nach links geht. 50 m weiter führt der Wanderweg gleich wieder nach rechts hinab, noch einmal 100 m weiter in einem kleinen Zickzack entlang eines verfallenen Zaunes weiter nach unten.

Nach längerer Zeit bergab gelangt man in einer Kehrschleife an einen ziemlich steil zum Fluss abfallenden Hang. Hier folgt man dem Fahrweg nach links (Wanderzeichen: weißes W auf schwarzem Grund) und ein wenig später einem an einen Baum gemalten blauen Rheinsteigzeichen. Der Moorbach wird auf einer Rohrbrücke überquert. Der Weg führt auf Gegenkurs weiter.

Bald kommt man an die ersten Häuser von ▶ **Altwied** und an die **Wied**. Man folgt der Landstraße L 255 am anderen Flussufer nach links. Am Café Burgschenke entweder zur altehrwürdigen Burg aufsteigen oder rechts haltend der Landstraße folgen. Nach 100 m, oberhalb eines Friedhofs, biegt man von der L 255 rechts ab auf die K 107. Noch 50 m weiter verlässt unser Wanderweg die Straße auf einem schmalen Trampelpfad links bergauf.

Angenehm und interessant zieht sich jetzt der Pfad am Steilhang oberhalb von Straße und Fluss entlang. Man passiert eine Schutzhütte und kommt in Serpentinen wieder hinunter zur L 255. Einem Rastplatz folgt eine weiß-rote Schranke. Hier hält man sich auf breitem Weg rechts geradeaus.

Nach längerer Steigung kommt man auf einen geschotterten Wegestern – rechts oberhalb eine Hütte – und folgt schräg links bergab einem schmalen Weg. Alles, was man zuvor mühsam er-

Burg Altwied

klommen hat, wird jetzt schnell wieder zunichte gemacht. Bald gelangt man im Talgrund an der L 255 an das Restaurant ▶ **Laubachsmühle**.

Unmittelbar hinter der Straßenbrücke folgt man dem Gewässerlehrpfad Laubach rechts. Hier gelangt man auf einen ca. 3 km langen Weg mit Infos und Hintergründen zu Landschaft und Geschichte. Nach ein paar hundert Metern kommt man an einen Wegweiserpfahl »Laubach, 118 m NN«, UTM 391897/5594928. Hier könnte man den Wanderweg abkürzen und geradeaus via Oberbieber – Gladbach gehen. Der Originalweg hingegen wendelt nach links relativ steil den Berg hinauf. An einer Bank mit schöner Aussicht biegt unser Weg nach rechts. Nach **Rengsdorf** sind es noch ca. 3 km.

Der Rheinsteig zieht sich nun verhältnismäßig eben hin zu einer Schutzhütte und einem Wegweiserpfahl »Ladeplatz, 213 m NN«, UTM 391730/5595284. Man geht 30 m von der Hütte nach rechts über den Laubach und verlässt den Fahrweg nach links. Achtung!

Altwied und seine Burg

Die Burg wurde 1129 gebaut und war Stammsitz der Grafen (heute Fürsten) zu Wied. Im 13. Jh. erfolgte ein weiterer Ausbau, ehe die Burgherren Mitte des 17. Jh. in das neu gegründete Neuwied umzogen und die Burg verfiel. Falls man ein Stück in den Ortskern hinein geht (bei Zeitmangel kein Muss), findet man links die evangelische Kirche (meist geschlossen), einen spätgotischen Bruchsteinbau des 14.Jh., erstmals beurkundet 1357 als Antoniuskapelle. Heutiger Eingang seit 1689. Im Chor sind spätgotische Fresken erhalten.

Laubachsmühle

Erstmals erwähnt wird die alte Pulvermühle für den nahe gelegenen Bergbau 1746. Nach 1850 diente sie als Mahlmühle für Getreide, nach 1880 als touristische Gaststätte. Das ist sie noch heute.

Schon nach etwa 150 m liegen rechts ein paar gewaltige Felstrittsteine, über die man von dem breiteren Forstweg nach rechts oben abzweigt. Später kreuzen wir einen breiteren Fahrweg diagonal und folgen stets der weiß-schwarzen Mark. »R 2«, zunehmend steiler werdend. Nun wird der Serpentinenweg im Nadelwald lausig schweißtreibend. Oben angekommen, hält man sich an einem ganz kleinen Wegestern rechts – und bekommt eine herrliche Fernsicht bis hinüber nach Koblenz und zu den linksrheinischen Bergen.

Gehen Sie unmittelbar unter der Starkstromleitung nach rechts und sofort nach 20 m abermals schräg rechts. Gegenüber von Tennisplätzen befndet sich im Gebüsch der »Römergraben«, eine uralte Grenze und Landwehr. Sie bestand aus 3 dicht hintereinander liegenden Wällen und diente der Überwachung des Verkehrs zwischen dem Neuwieder Becken und dem Westerwald. Nach dem Limes ist dies das bedeutendste archäologische Denkmal im Kreis Neuwied. Eine Infotafel finden Sie 50 m hinter dem Tennisrestaurant direkt am Weg, und wenig später gelangt man, die Kreisstraße K 106 kreuzend, nach **Rengsdorf**.

Hier hat man zu entscheiden, ob man an der Ecke Westerwaldstraße/Römergraben (UTM 393016/5595888) die Hauptstraße in die Luisenstraße kreuzt, um weiterzugehen oder ob man sein Tagewerk rechts im Ort beenden will.

Schloss Monrepos

Ein kleiner Abstecher führt zum Schloss Monrepos, der früheren Sommerresidenz der Fürsten zu Wied. Hier befindet sich ein Museum mit Funden aus der Eiszeit etwa 10.000 Jahre vor Chr., die man in Neuwied gemacht hat.mit seinen vier Türmen aus dem 12. Jh.

Park in Rengsdorf.

Von Rengsdorf nach Bendorf

Charakter: Eine eigentlich einfachere Etappe, allenfalls ein bisschen lang und mit einigen Steigungen.

Wenn Sie in einem der Rengsdorfer Hotels übernachtet haben, können Sie abschneiden und vom östlichen Ortsrand direkt zum Rheinsteig gehen. Der Originalweg von der Westerwaldstraße/Ecke Luisenstraße führt hingegen nach 50 m zu einem roten Haus und dann schräg links in den Wald hinein. Achtung! 20 m hinter dem Grundstückszaun biegt man abermals nach rechts auf einen Trampelpfad ab. Im Wald ein Wegweiserpfahl »Stadtpark, 282 m NN« UTM 393159/5596025. In dem Park gabelt der Weg kurz vor einem weißen Haus mit Fachwerk. Bleiben Sie rechts entlang des Zaunes auf eine Kirche zu, queren die Fahrbahn und halten sich links in den Wald hinein. Nach 50 m muss man an der nächsten Laterne nach rechts gehen.

Man kreuzt nach einer Weile einen Fahrweg und an einer Schutzhütte über einen Holzsteg den Völkerwiesenbach, UTM 393225/5596238. Folgen Sie dem Bachlauf nach rechts. Wir wünschen Ihnen, dass der Wiesenweg gemäht ist, sonst bekommen Sie im hohen Gras nasse Füße.

Der nächsten Asphaltstraße folgt man links. Man geht am Waldrand nicht einen Weg mit weiß-grüner Schranke, sondern bleibt auf der geteerten Fahrbahn.

200 m hinter einem Klärwerk quert ein Holzsteg einen Bach (UTM 393715/5595462). Hier biegt man rechts auf die gegenüberliegende Bachseite ab. Nach steilem Aufstieg kommt man hinter einer Treppe an einen Wegweiserpfahl »Gebück, 244 m NN«, UTM 39605/5595522. Der Weg führt links weiter.

Zu diesem Punkt sind es direkt aus Rengsdorf Ortsmitte kommend etwa 500 m. Sofern man es eilig hat, kann man also den zeitaufwändigen Bogen um Rengsdorf herum abschneiden, ohne etwas Wesentliches zu verpassen.

Eine Weile nach dem »Gebück« kommt man auf einen geschot-

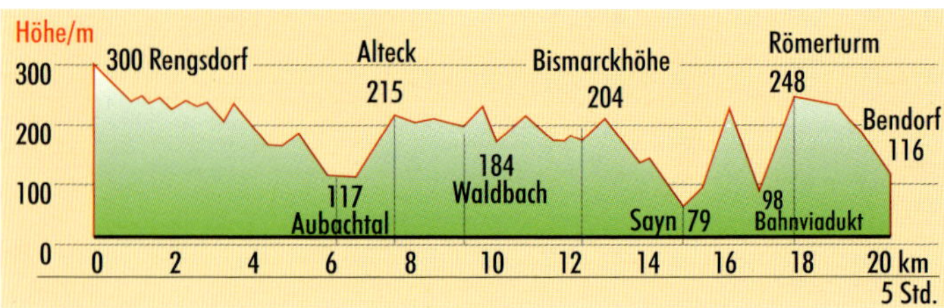

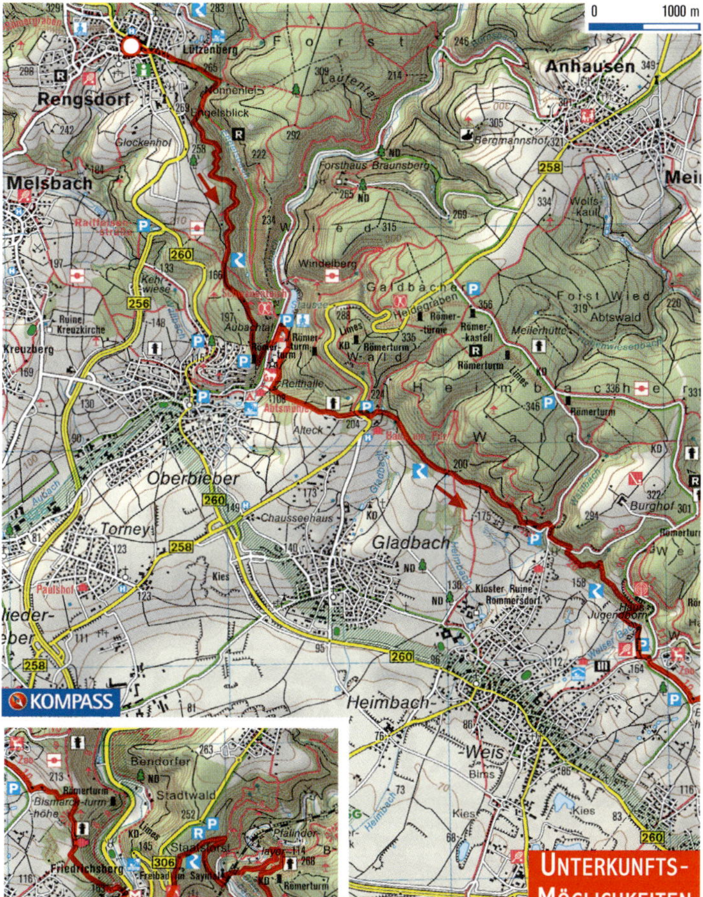

UNTERKUNFTS-MÖGLICHKEITEN

Sayn
Parkhotel, Koblenz-Olper-Str. 149; Tel. 02622-4204; *Villa Sayn*, Koblenz-Olper-Str. 111; Tel. 02622-94490; *Waldhotel Friedrichsberg*, Ritterweg 75; Tel. 02622-4245

Bendorf
Bellevue, Im Wenigerbachtal 8-25; Tel. 02622-8441001; *Dalmatia*, Hauptstr. 102; Tel. 02622-15210; *Rheinblick*, Remystr. 79; Tel. 02622-127127

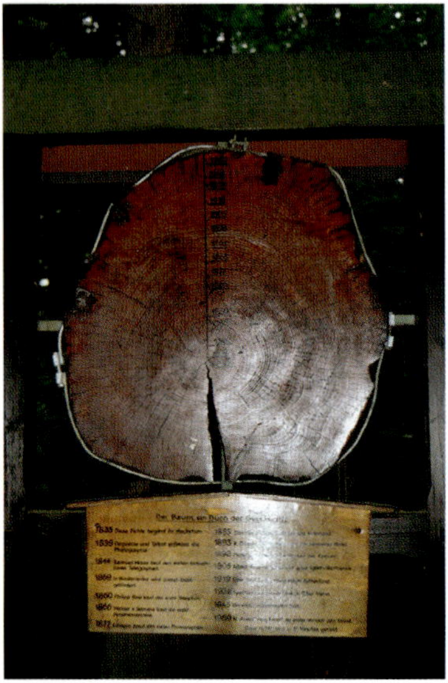

Bild oben: Baumscheiben bei Rengsdorf. Bild unten: Nachgebauter Römerturm bei Oberbieber.

terten Waldfahrweg. 100 m weiter – von Schotter bereits keine Spur mehr – biegt in einer Linkskurve an einer Bank vorbei unser Weg nach schräg rechts oben ab. Hier sind auch Wegemarkierungen gelbes »R 4« auf schwarzem Grund zu sehen. Bleiben Sie jetzt immer mehr oder weniger auf Geradeaus-Kurs und lassen Sie einmündende und querende Wege außer Acht.

Schließlich führen an einem Wegweiserpfahl »Hainenbirken, 188 m NN«, UTM 394008/5593676 diverse Wege zusammen. Man bleibt geradeaus auf einem nunmehr befestigten Fahrweg, auf dem man 100 m weiter an einer Weggabel schräg links geht. Man kommt an eine Stelle, an der mehrere Hütten stehen. Eindrucksvoll: In Informationsgestellen hängen zwei Baumscheiben, an deren Jahresringen man das Alter ablesen kann. Man geht geradeaus weiter und wählt an der nächsten Wegegabel den linken Zweig. Wenig später taucht rechts am Hang der Nachbau eines **Limes Römerturms** wie schon in Rheinbrohl auf. Man kommt zu einem asphaltierten Wendehammer an Wohnhäusern und biegt links ab.

Nach den Häusern kommt eine lange Gefällstrecke im Wald, an deren Fuß man an das Hotel/Restaurant »Zum Schwanenteich« gelangt. Hier kann man sich versorgen oder übernachten (siehe Etappe 6). Noch vor dem ersten Parkplatz biegt unser Weg in Gegenrichtung rechts ab und überquert 100 m weiter den **Aubach**.

Ausblick in der Nähe von Sayn; rechts Kernkraftwerk Mülheim-Kärlich zu erkennen.

Man kommt zu einem weitläufigen früheren Olympiastützpunkt und Landesleistungszentrum der Reiter. Wir grüßen die Reitersleute und gehen geradeaus weiter bis an den Waldrand, wo der Rheinsteig bei UTM 394442/5592558 schräg links bergauf abbiegt.

Am Ende der nun folgenden längeren Steigung hält man links auf eine Hütte zu, vor der man abermals links abbiegt. Ein Wegweiserbrett zeigt an »Gladbach/Drei-Wetter-Hütte/Braunsburg«.

Wir sind hier auch auf dem Rheinhöhenweg und dem Limesweg. Nach einer ganzen Weile schimmert neben dem Weg ein schiefergedecktes weißes Haus durch die Büsche. 50 m weiter biegt der Steig rechts ab und erreicht die Fahrstraße zu dem eben erwähnten Edelanwesen, von dessen Rasenfläche, könnte man sie denn betreten, man einen schönen Blick über das Neuwieder Becken hätte. Wir sind in **Alteck**.

Nach 150 m geht man wieder links in den Wald hinein. Gefährlich: Man muss später die Landstraße L 258 kreuzen, geht hinter der jenseitigen Leitplanke schnell in Deckung und in Richtung des »Haus am Pilz«, passiert links daran vorbei und umgeht das Grundstück vor einer weiß-roten Schranke nach rechts. Auf gekiestem Weg geht es hinab zum winzigen Gladbach (UTM 395504/5592272). Hinter einem Wegweiser zweigt der Steig als Trampelpfad links hinauf. Sie gelangen an eine breite Schotterstraße, der Sie nach rechts folgen. Nach einer Weile ist an einem alten großen Baum ein blaues Wegezeichen gemalt. Bleiben Sie geradeaus auf dem Schotterweg,

An einem Wegestern – rechts ein aufgestauter Weiher – hält man sich rechts hin auf einen Wegweiserpfahl »Schersgrund,

Schloss Sayn.

195 m NN«, UTM 396057/5591705. An der Wegegabel nimmt man den linken, breiten, geschotterten Weg. Der nächste Wegweiserpfahl zeigt die Daten »Schauinsland, 217 m NN«, UTM 396677/5591298. Dort hat man einen sehr schönen Ausblick. Nach **Sayn** sind es nun noch ca. 5 km, nach **Bendorf** ca. 13 km.

Vor einer Waldwiese mit Schaukeln und einem hölzernen Gebäude biegt der Rheinsteig schräg rechts nach unten ab. Über ein Brückchen kommt man auf eine Fahrstraße. Einige Meter weiter ein Wegweiser »Golfplatz«. Hier biegt man rechts ab und läuft auf breiter Teerstraße bergan. Auf halber Höhe verlässt man die Teerstraße und passiert eine Holzschranke.

Wenn Sie das Glück haben, den nun folgenden Vogellehrpfad im späten Frühling bei Sonnenschein zu begehen, gibt es eine Stelle, wo Millionen von Bienen in den blühenden Bäumen Honig sammeln. Die Luft dröhnt von ihrem Gesumm. Der Vogelpfad endet an einer abermals massiven Holzschranke mit Fußgängerschleuse. 30 m weiter biegt man nach rechts ab.

Sobald man aus dem Wald heraustretend in eine Wiese kommt, findet sich nach 100 m ein Wegweiserpfahl »Heimelsweg, 163 m NN«, UTM 397500/5590384. Hier biegt man links auf einen landwirtschaftlichen Fahrweg. Der **Zoo Neuwied** ist nun nicht mehr weit. Wenn Sie den großen Zooparkplatz erreichen, halten Sie sich links und vor der Kasse nach rechts. Das Tierrefugium ist sehr schön angelegt und lohnt einen Besuch.

Nach einer Weile gelangt man an einen Wegestern, an dem ein Verkehrsschild »Ausfahrt« zu sehen ist. Hier biegt man links ab. Nach etlichen hundert Metern – man ist längst wieder im Wald auf einem breiten Fahrweg verläuft dieser in einer Kurve nach links. Etwa 80 m vor einem unübersehbaren weißen »R« auf schwarzem Grund biegt unser Wanderweg rechts ab auf eine Schutzhütte zu (UTM 398537/5589402). Später biegt der Steig an einer großen Waldwiese gemeinsam mit dem Rheinhöhenweg nach links in den Wald ab. Man taucht ein in die ersten Häuser von **Sayn** und geht sofort rechts die Bundesstraße B 413 entlang.

Im Ort wohnt auch die Fürstenfamilie zu **Sayn-Wittgenstein** in einem weißen Haus rechts etwas höher gelegen. Am gegenüberliegenden Hang sieht man die alte ▶ Burg, die heute nicht mehr bewohnt ist.

Burg Sayn

Nach Aufgabe der »alten Burg« im **Brextal** 1152 ist Burg Sayn vom späten 12. Jh. an neuer Stammsitz der Grafen von Sayn und Verwaltungsmittelpunkt der Grafschaft bis 1606. Alle Wucht und Größe der Burg halfen den Saynern nichts: Die Schweden zerstörten das gewaltige Bauwerk im 30-jährigen Krieg. 1648 ging sie wieder in den Besitz der Fürsten zu Sayn-Wittgenstein über. 1982 wurde die Ruine restauriert.

Das moderne Gebäude rechts im Burghof überdacht eine romanische Doppelkapelle aus der Zeit um 1200, deren Grundmauern man 1984 bei den Erneuerungsarbeiten entdeckte.

Linker Hand liegt hinter einem Biergarten in einem Park der sehenswerte Schmetterlingsgarten von **Schloss Sayn**. Am (neuen) Schloss misst man UTM 398938/-5588325. Der Rheinsteig führt, welch Wunder, die Treppe zur Terrasse des Schlossrestaurants hinauf. Hier gibt es für Hungrige auch eine »Kleine Wandererkarte« und allerlei schöne Dinge von ge-

Schlosspark Sayn.

Blick vom Weg zum Schloss Sayn.

hobenem Niveau zu essen. Das Restaurant ist empfohlen im »Gault Millau«. Über die Terrasse hinweg passiert man ein Gittertor und steigt 10 m weiter eine Treppe empor.

Kommt man nach schweißtreibendem Steigen an eine Leitplanke, folgt man rechts dem Wegweiser »Parkplatz Falknerei« und geht sofort wieder unterhalb gewaltiger Burgmauern links auf eine Treppe zu. Durch ein kleines Tor in meterdicker Mauer betritt man die Burganlage.

Verlassen Sie nun die Burg über ein in die Straße eingelassenes und für Tiere unpassierbares Gitter. Nach Bendorf sind es noch ca. 7 km. Schon müde? Jetzt kommt eine »Klamotte« von Berg.

Nach langem, mühseligem Aufstieg erreicht man einen Parkplatz an der Landesstraße L 306. Von diesem Parkplatz zweigt noch vor der Fahrbahn der Weg rechts in den Wald ab (UTM 399503/5588714).

Sie kommen jetzt in ein Gebiet, das stellenweise genauso gut im Hochschwarzwald oder im Harz liegen könnte. An einer Fahrzeugwende mit einem Wegweiserpfahl »Stromberg« biegen Sie an einer Bank scharf rechts ab.

Nach bequemem Gefälle führt unser Weg in einer scharfen Rechtskurve unterhalb einer Schutzhütte nach links in eine Steilhang-Serpentine hinein. Wenn Sie Glück haben, sehen Sie im Laub Spuren großer Tiere, die das, was Sie mühsam im Zickzack bergab laufen, in der direkten Falllinie bewältigen. Die Schleifspuren sind beeindruckend. Man vernichtet jetzt innerhalb kürzester Zeit 100 Höhenmeter. Die Teerstraße (nach rechts folgen) unterquert einen ehemaligen Eisenbahnviadukt. Hier fährt schon lange kein Zug mehr. Sie müssen 30 m hinter dem Viadukt den Brexbach überqueren. Vorbei an einer Bank beginnt der Weg in Richtung Pulverberg schon wieder zu steigen. 50 Höhenmeter höher kreuzt man einen Fahrweg und steigt schräg gegenüber weiter. Noch einmal 60 m höher (210 m NN) stößt man auf einen gekiesten Waldfahrweg. An einer hochgewachsenen Lärche vorbei steigt unser Weg weiter und weiter.

☞ Vorsicht!
Hier gibt es Riesenbärenklau. Nicht anfassen, Blätter und Stiele der optisch schönen Pflanze sind stark ätzend!

Schließlich kommt man wieder einmal an einen neu aufgebauten Römerturm des Limes mit Palisade, Wall und Erklärungen. (UTM 400446/5588712). Von der Ecke des Turmes aus biegt man nach rechts ab.

Das nächste Ziel **Meisenhof** kann man nicht verfehlen. Dort kann man sich gut verpflegen (keine Übernachtung). 300 m weiter, im Wald, eine Wegegabel, an der man sich links hält. Wenige Meter später hat man einen herrlichen Blick hinüber zum Rhein und das Bergland in der Ferne. Die Gitterbrücke über den Rhein ist die Eisenbahnbrücke der Strecke von Koblenz nach Neuwied.

Nach einer langen Geraden durch die Felder kommen Sie an einen halb verfallenen Schuppen. Vor der nächsten Schutzhütte zweigt unser Weg nach links in den Wald ab. Wenig später gelangen Sie 50 m vor einem umzäunten Grundstück an einen Abzweig. Winkeln Sie scharf links ab und folgen ein paar Schritte weiter dem blauen Wegzeichen an einer großen Buche. Vor einem weißen Gebäude geht man nach rechts durch die Straße Im Wenigerbachtal nach **Bendorf** hinein und biegt am nächsten T-Stück links in die Straße Im Großbachtal.

An diesem Punkt endet die Beschreibung der 7. Etappe. Bis hier sind es seit Rengsdorf 19,5 km, in den Ort hinein etwas mehr.

Der Rheinsteig nach Sturm. Eine Landschaft fast wie im Schwarzwald.

Von Bendorf nach Ehrenbreitstein

Charakter: Einfach mit ein paar Steigungen. Zum Bahnhof ca. 1 km zusätzlich.

Die heutige Etappe startet in Bendorf an der Ecke Mühlenstr./ Im Großbachtal (UTM 399612/ 5587039). 150 m weiter biegt unser Weg zwischen zwei Grundstücken hinter einem grünen Zaun nach rechts ab und wird nach 50 m zum Trampelpfad bergauf. Eine kurze, enge Serpentinenstrecke liegt vor Ihnen, die jedem Alpensteig Ehre macht, später ein sehr schöner Ausblick über das Neuwieder Becken hinüber in die Eifel und schließlich ein Höhengewinn von 90 m. Am Weg eine Markierung »**Galgenberg**, 191 m NN«, UTM 399967/5586671, ein wahrlich schauriger Name. Auf unserem Fahrweg hat sicherlich mancher Delinquent den Rest seines letzten Stündleins verbringen müssen. Der Ort des Todes mag oben auf dem höchsten Punkt gewesen sein.

Wir verlassen den grausigen Ort, der heute so friedlich in der Sonne liegt, und biegen nach einem kleinen Hohlweg rechts ab auf eine 7-polige Überlandleitung zu. Das UTM an der Leitung ist 400478/ 5586421. Der Kirchturm im Vordergrund ist **Weitersburg**, der Sendemast am Horizont steht auf dem **Kühkopf** im Koblenzer Stadtwald. Dort beginnt schon der **Hunsrück**.

Ein paar hundert Meter hinter der Hochspannungsleitung stößt man auf die Landstraße L 307, die man, ein wenig links versetzt, überquert. 100 m vor der Kreuzung einer 4-poligen mit der 7-poligen Leitung biegt unser Weg nach rechts ab Wenn Sie unter der 7-poligen Leitung sein sollten, sind Sie zu weit gegangen. Die Autobahn, die man nach einer Weile unterquert, heißt A 48 und führt von Neuwied Richtung Trier/Luxemburg. An einer Wegegabel 100 m hinter der Unterführung hält man sich rechts. Neben dem Weg, malerisch gelegen, ein wohl ehemaliger Viehunterstand oder Lagerschuppen, hinter dem der Rheinsteig schräg rechts in lichten Buschwald abbiegt. Talgrund und Kuhweiden bilden

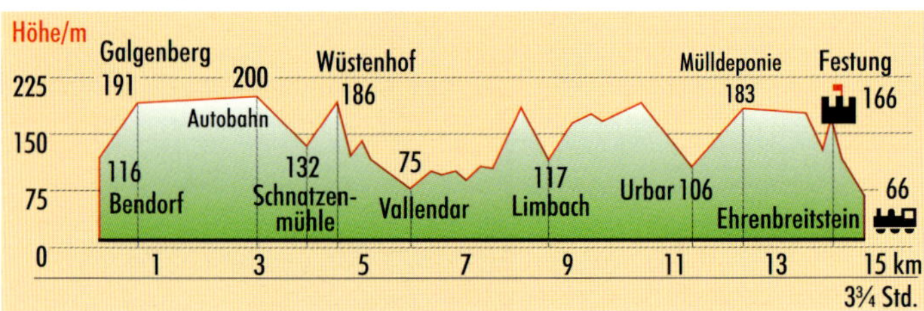

Unterkunfts-Möglichkeiten

Vallendar

Alexander v. Humboldt, Rheinstr. 31; Tel. 0261-66046; *Alte Brauerei*, Heerstr. 44; Tel. 0261-60027

Urbar

Adria-Stube, Hauptstraße 120; Tel. 0261-60819; *Zur Pfanne*, Hauptstr. 57; Tel. 0261-65519

Ehrenbreitstein

Diehls Hotel, Am Pfaffendorfer Tor 10; Tel. 0261-97070; *Jugendherberge*, Festung Ehrenbreitstein; Tel. 0261-972870; *Sessellift* (Hotel), Obertal 22; Tel. 0261-75256

Die Wirtin vom Wüstenhof, von wo aus sich ein grandioser Ausblick bietet.

bald eine traumhafte Idylle. Herrlich der Weg entlang des plätschernden Meerbachs zur **Schnatzenmühle**, die man rechts oberhalb umgeht. 200 m weiter gelangt man an ein eingezäuntes Grundstück, an dem man links den Bach quert (UTM

401345/5585363), um vor einem Metalltor schräg rechts zum **Wüstenhof** aufzusteigen. Dort kann man sich gut verpflegen (ab 14.oo Uhr, Ruhetag Mo.).

Unser Weg führt innerhalb der Wüstenhof-Umzäunung vor einem Goethedenkmal an einer alten Linde nach rechts. Vor dem nächsten Haus, einen halben Kilometer weiter, schwenken wir abermals rechts ab. Man kommt in ein Bachtal mit Schutzhütte. Hier biegt man vor dem Flüsschen nach links ab. Im folgenden Ort **Vallendar** geht man mehr oder weniger immer geradeaus bis zu der Pfarrkirche St. Marzellinus und Petrus. Der Westturm stammt von 1501. Danach kommt man an den Rathausplatz mit dem wunderschönen Fachwerkhaus »Die Traube« (1647), hält sich kurz links und biegt am alten Rathaus (1663)

Der Bischofsbour.

hinter dem Fußgängerüberweg rechts in die Eulerstraße ab. Nach dem Überqueren einer Flussbrücke geht man links auf die moderne Stadthalle zu und dann in die Straße Gilgenborn. 150 m weiter am Haus Nr. 26 biegt der Rheinsteig rechts in eine Art Hofeinfahrt ein und zwischen den Grundstücken auf nur meterbreitem Pfad bergauf bis zu einem Parkplatz.

Folgen Sie nicht der Verbundsteinpflaster-Straße, sondern gehen Sie geradeaus auf ein etwas altertümliches Schild »Fußweg« zu. Hier treten Sie in eine Art kleine Allee ein. Links im Tal die weitläufigen Gebäude einer theologischen Hochschule, bald darauf rechts über Ihnen ein etwas futuristischer Betonklotz, der ebenfalls zu den Kircheneinrichtungen gehört. Unser Weg mündet in einen weiteren Parkplatz (UTM 402556/5584265). Hier biegen Sie scharf rechts ab.

An der Auffahrt »Theologische Hochschule« bleibt man im Talgrund. Auf breitem Fahrweg geht es jetzt gemächlich hinauf in das **Warmbachtal**. Nach einer ganzen Weile tauchen rechts des Weges ein Brückchen und ein überdachter Brunnen auf. Dies ist der ▶ »**Bischofsbour**«. 50 m weiter gabelt der Weg. Nehmen Sie den rechten Ast. Sie laufen jetzt

Der Bischofsbour

Hier soll der Sage nach ein Bischof, der kein Jagdglück hatte, gotteslästerlich geflucht haben. Er versank alsbald in der Erde und ein Quell entsprang an dieser Stelle.

Blick vom Ehrenbreitstein auf den Rhein hinab.

mitten auf einer Erdgasleitung.

Von links kommt eine geteerte Straße, der man bergauf vorbei an einem geschotterten Parkplatz hin zu einem Schwimmbad folgt. Hinter diesem biegt man in die Sebastian-Kneipp-Straße ein. Nach ca. 300 m kommt man an einen Hinweis auf ein Tenniscenter. Biegen Sie links ab und umgehen die ersten Plätze. Dann wandern Sie auf einem Verbundsteinweg rechts weiter in Richtung der Gastronomie. Am Ende der Tennisplätze geht man abermals rechts und dann durch die Felder. Bei Erreichen der Kreisstraße K 83 (UTM 403012/ 5582426) hält man sich links und geht nach ein paar Metern unmittelbar vor einer mächtigen Überlandleitung auf der anderen Straßenseite in einen Hohlweg hinein. Man kommt an einen Wegestern und hält sich rechts. Am Beginn einer Telefonleitung (Mast »0«) verlässt man den Fahrweg und geht geradeaus einen ungepflasterten Weg weiter.

Sobald man die ersten Häuser von **Urbar** erreicht und den Mallendarer Bach kreuzt (UTM 402528/ 5581961), biegt man links ab. Etwa 250 m weiter steht ein weiß-roter Sperrpfosten. Hier biegen Sie rechts ab. Oben angekommen, kreuzen Sie eine Straße und gehen entlang einer Berberitzenhecke auf einem schmalen Asphaltweg 100 m weiter, wo es nach links und nun ziemlich steil eine Straße hinaufgeht. Bei Schnee und Eis muss hier das Autofahren »Spaß« machen ...

Auf des Berges Höh' kommen Sie an ein Verkehrsschild »Spielstraße«. Hier biegen Sie rechts ab in die Straße Am Hellengraben und 50 m weiter schräg rechts in einen gepflasterten Weg mit blauem Fußgängerschild. Man kommt auf die Kreisstraße K 85, der man nach links folgt. Schon nach deren

Die Festung Ehrenbreitstein.

(rechts ein Wertstoffhof) und marschiert nach rechts.

Bevor Sie an die nächsten Sportflächen mit kleinem Vereinshäuschen (rechts) gelangen, müssen Sie rechts abbiegen und die Sportanlage entgegen dem Uhrzeigersinn umrunden. Plötzlich liegen **Koblenz-Lützel** am linken Rheinufer und die **Mosel** vor Ihnen. Man geht weiter nach links, kommt an einem einzeln stehenden Haus in fantastischer Hanglage vorbei und passiert drei rot-weiße Sperrpfosten. Dieses Haus werden Sie vom **Deutschen Eck** in Koblenz aus wieder deutlich sehen. Mitten im bequemen Hangweg kommt an einem Baum ein Wanderschild nach schräg links oben. Sie steigen wenige Meter, gehen quer über eine Wiese auf einen Parkplatz zu – und haben die Festung ▶ **Ehrenbreitstein** vor sich liegen.

Der Rheinsteig führt quer durch die Festung. Hier gibt es auch eine große Jugendherberge, in der Wanderer übernachten können sowie Museums-

nächster Linkskurve biegt man gegenüber nach rechts auf einen breiteren Pfad ab. Unterhalb eines Sportstadions mit Flutlichtleuchten geht es geradeaus weiter. Durch Industrie- und Militärgebiet kommt man an die Greiffenklaustraße

Die Festung Ehrenbreitstein

Schon in grauer Vorzeit war Ehrenbreitstein ein kriegswichtiger Platz. 1020 errichtet der Erzbischof von Trier eine Burg am Zusammenfluss von Rhein und Mosel. 1520 Ausbau zur Festung, die im 30-jähr. Krieg von Schweden und Franzosen eingenommen wird. Ludwig XIV. belagert sie 1688 vergeblich. 1801 wird sie gesprengt. 1815 geht der Ehrenbreitstein an Preußen, das die heutige Festung im klassizistischen Stil baut. Nach dem 1. Weltkrieg wird 1920 entsprechend dem Versailler Vertrag vieles zerstört. Erst nach dem 2. Weltkrieg wird das Bollwerk touristisch erschlossen. Die preußische Festung wurde nie erobert, und noch heute finden Sie altertümliche dienstliche Schriften an manchen Wänden..

Die Festung Ehrenbreitstein vom Deutschen Eck aus gesehen.

betrieb und Ausstellungen. Da eine Beschreibung den Rahmen dieses Buches sprengen würde, empfehlen wir eine Führung. Falls Sie nicht in der JH übernachten, ist der Durchgang moderat kostenpflichtig, sozusagen ein Wegezoll zum Erhalt dieser größten deutschen Festung. Von ihr in den Ort hinunter gelangt man entweder auf einer Fahrstraße oder mit einem kostenpflichtigen Sessellift. Ein Bus nach Koblenz hält unten am Bahnhof.

Das Deutsche Eck von der Festung Ehrenbreitstein aus gesehen.

Von Ehrenbreitstein nach Braubach

Charakter: Anspruchsvoll mit kräftigen Steigungen. Trittsicherheit ist erforderlich, u.a. in der Ruppertsklamm. Man kann mehrfach abkürzen oder die Tour schon in Lahnstein beenden.

Die heutige Etappe beginnt am Bahnhof Ehrenbreitstein. Die gegenüberliegenden Verwaltungsgebäude stammen aus der 1. Hälfte des 18. Jh. Man unterquert die Bahnstrecke und folgt dem Rhein flussauf. An der Rheinfähre nach **Koblenz** vorbei (letzte Fahrt schon vor 19.00 Uhr) kommt man zu einer großen Rheinbrücke und 500 m später nach **Pfaffendorf**. Hier verlässt man den Strom (UTM 400700/5578313) und geht an der Kirche vorbei in die Wendelinusstraße. Hinter einer Eisenbahnunterführung geht man schräg links eine schmale Straße hinauf. Durch ein Drehkreuz gelangt man in ein enges Bachtal, unterquert die hohe Betonbrücke der B 42 und kommt zu einem Spielplatz. An dessen Ende verläuft unser Weg bequem bergan. Man ahnt nicht, dass sich rechts und links oberhalb des Tals der Ort erstreckt.

An einer Wegekreuzung weiter oben bei einem alten Steinbruch eine Mark. »Bienhorntal, 167 m NN«, UTM 401741/5577752. Man geht geradeaus weiter, kreuzt eine Straße und geht gegenüber in den Wald.

Bei UTM 402441/5577296 biegt der Weg rechts ab hin zum Bienhornbach, den man – sehr urig – auf Baumscheiben überquert.

Irgendwo im Wald, 100 m ehe der Weg in eine Asphaltstraße übergeht, biegt man scharf links in einen Hohlweg ein (UTM 402139/5577260). Eine nachfolgende große Wiese passiert man am rechten Rand. Nach einem kurzen Waldstück kommt man an einen grünen Zaun, an dem man links geht und an einer weiß-roten Schranke eine Straße kreuzt. 150 m hinter der Straße biegt man nach rechts ab. An einem kleinen Wegedreieck (UTM 401845/5576196) marschiert man Rich-

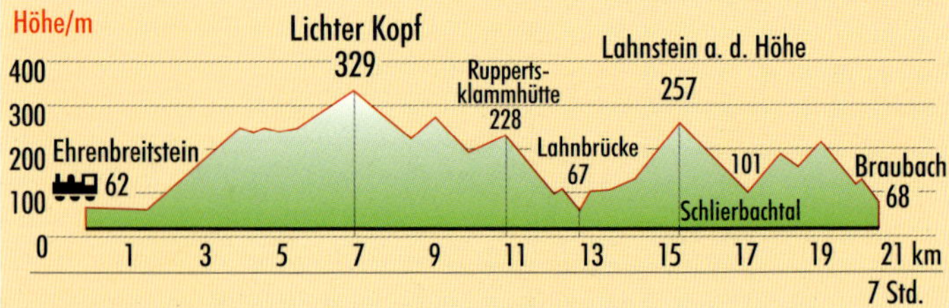

Niederlahnstein

tung Lahnstein links. Schon 30 m weiter geht es rechts in einen schmalen Trampelpfad hinein. Ein Bächlein wird in einer Furt gequert – bei schönem Wetter ein Vergnügen, nach tagelangen Regengüssen ein Problem. An einer Wegegabel wenige Meter weiter hält man sich links.

Bei UTM 401731/5575692 stößt man auf einen Weg, dem man nach rechts bergab folgt. Nach längerer Gefällstrecke biegt man an einem Wegweiserpfahl »Niederlahnstein, 271 m NN« UTM 401610/5575535 links ab. Nach kräftigem Anstieg kommen Sie an einen querenden geteerten Weg mit einer Bank. Hier biegen Sie nach links oben ab. Sobald der Weg in einen Tannenforst einmündet, führt ein schmaler Fußsteig an einer Regenrinne nach rechts oben. Der Aussichtsturm auf dem **Lichter Kopf** (UTM 401817/5575502) schimmert bereits durch die Bäume. Der Turm wurde von Soldaten gebaut, bietet einen schönen Rundblick, ist jedoch wegen seiner relativ durchsichtigen (aber bombenfesten!) Konstruktion nicht jedermanns Sache.

Nach Passieren des Turmareals verläuft wenig später an einer Wegeverästelung der Rheinhöhenweg (weißes »R« auf schwarzem Grund) links auf eine weiß-rote Schranke zu. Man geht geradeaus auf breitem Fahrweg weiter. Nach abermals gut 100 m an einem kleinen geschnitzten Wegweiser »Hütte Ruppertsklamm« biegt man nach rechts ab. Ein blaues Rheinsteigschild ist gut zu sehen.

Bald geht es in langen Serpentinenschlägen bequem hinab Richtung Lahn. Der Pfad endet an einer breiten Forststraße und einem Wegweiserpfahl »Allerheiligenberg, 216 m NN«, UTM 401661/5574615. Es gibt einen geschnitzten Wegweiser »Ruppertsklamm«.

Nach einer ganzen Weile kommt von links oben eine Fahrstraße und dreht auf unseren Weg ein. Wir bleiben auf Geradeauskurs. Wenn Sie ein GPS mitführen: Bei 402381/5575204 zweigt der blauweiße Weg rechts ab. Nun kommt eine interessante Wegführung: Der Rheinsteig verläuft auf einem schmalen Bergrücken von nur drei oder vier Metern Breite recht unbequem bergab, weil man auf gewachsenem und in dieser Gegend meist senkrecht stehendem Ge-

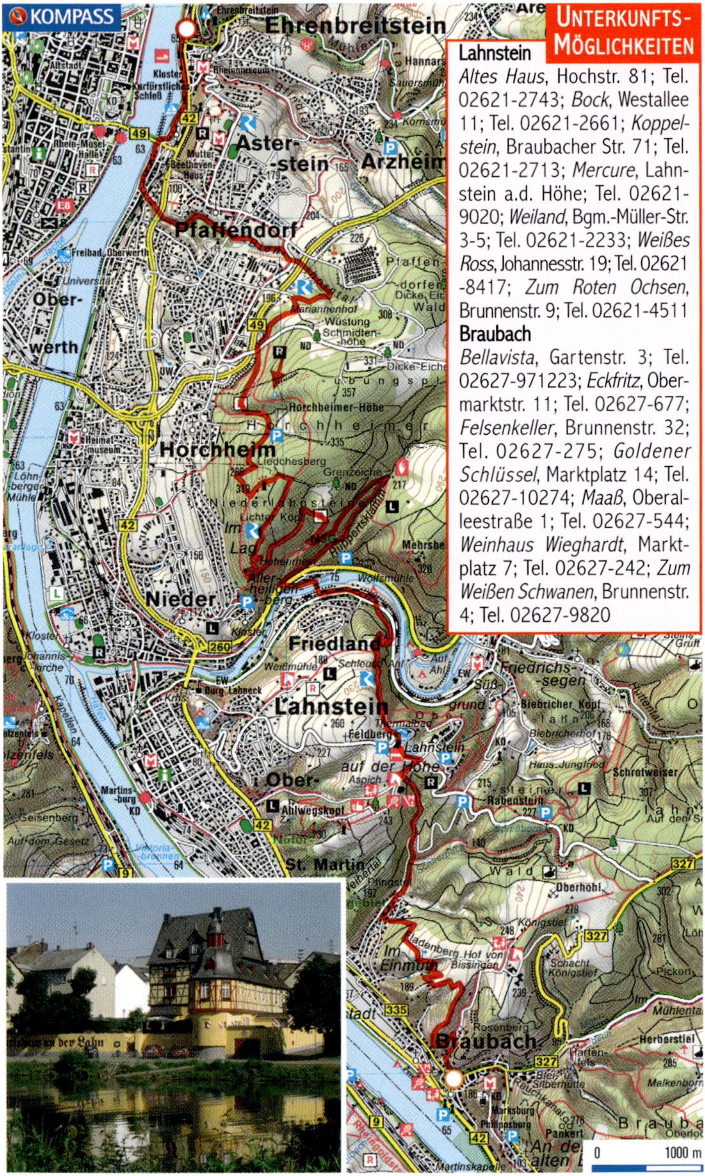

Unterkunfts-Möglichkeiten

Lahnstein

Altes Haus, Hochstr. 81; Tel. 02621-2743; *Bock*, Westallee 11; Tel. 02621-2661; *Koppelstein*, Braubacher Str. 71; Tel. 02621-2713; *Mercure*, Lahnstein a.d. Höhe; Tel. 02621-9020; *Weiland*, Bgm.-Müller-Str. 3-5; Tel. 02621-2233; *Weißes Ross*, Johannesstr. 19; Tel. 02621-8417; *Zum Roten Ochsen*, Brunnenstr. 9; Tel. 02621-4511

Braubach

Bellavista, Gartenstr. 3; Tel. 02627-971223; *Eckfritz*, Obermarktstr. 11; Tel. 02627-677; *Felsenkeller*, Brunnenstr. 32; Tel. 02627-275; *Goldener Schlüssel*, Marktplatz 14; Tel. 02627-10274; *Maaß*, Oberalleestraße 1; Tel. 02627-544; *Weinhaus Wieghardt*, Marktplatz 7; Tel. 02627-242; *Zum Weißen Schwanen*, Brunnenstr. 4; Tel. 02627-9820

Buchhandlung Bindernagel
Wetzlarer Strasse 25
35510 Butzbach
Tel.: 06033-64975
Fax: 06033-72221
www.bindernagel.com

QUITTUNG

Ernst, K.
Rheinsteig
978-3-85491-445-7 12,95

Total: 1 12,95 EUR

Bar: 20,00 EUR
Zurück: 7,05 EUR

Betrag enthält 0,85 EUR MWSt:
7,00% = 0,85
USt-Idnr.: DE216966904
11.07.2009 11:55:03 84-1-1894

Vielen Dank für Ihren Einkauf.

Ruppertsklamm; Bild linke Seite: Das Wirtshaus a.d.Lahn.

stein läuft. Am Ende des steilen Rückens steht ein Wegweiserpfahl »Michelbach, 181 m NN«, UTM 402158/5574919. Auf breitem Fahrweg geht man jetzt nach links. Zu Füßen sieht man zum ersten Mal die Lahn. Nun ist es noch 1 km bis zur **Ruppertsklammhütte** (unbewirtschaftet), bei der die Klamm beginnt (UTM 402996/5575583). Nehmen Sie den Weg links des Bachs und 10 m weiter rechts zum Bach hinab.

Ist man nicht trittsicher, kann man die **Ruppertsklamm** bequem oberhalb umgehen. Der stellenweise schwierige Weg durch die Klamm, mitunter durch Seile gesichert, ist sehr eindrucksvoll – jedoch bei Nässe oder starkem Regen problematisch und nicht zu empfehlen. Anders ausgedrückt:

Sie verpassen etwas, wenn Sie die Klamm nicht begehen!

Am Ende der Schlucht verschwindet der Bach in einem Gewölbe – wie man so etwas eben vor hundert Jahren sehr theatralisch gebaut hat. Das GPS zeigt UTM 402223/5574775. Gehen Sie nun hinunter zur B 260 und bleiben Sie um Himmelswillen hinter der Leitplanke, selbst wenn dort nicht gemäht sein sollte. An einer Figur des Hl. Lubentius geht man hinüber zur Lahn und dort flussaufwärts, um hinter einem Yachthafen auf die andere Lahnseite zu

Die **STADT LAHNSTEIN** bestand bis 1969 aus den selbständigen Städten Ober- und Niederlahnstein, getrennt durch die Lahn. Seit rund 1000 Jahren gehörte Niederlahnstein zum Erzbistum Trier, Oberlahnstein zum Erzbistum Mainz, zwei politisch selbständigen Territorien. Dies hatte erhebliche Auswirkungen, da die beiden Bischöfe als Landesherren jeweils ihr eigenes Süppchen kochten. Seit dem Ende des 2. Weltkrieges gehören die beiden Ortsteile zu Rheinland-Pfalz; heute heißen sie einfach »Lahnstein«. Die Martinuskirche in Oberlahnstein stammt aus dem 12. Jh., deren gotischer Chor von 1332, das barocke Mittelschiff von 1777.

wechseln und links weiterzulaufen. Über einen Bahnübergang erreicht man die Straße Hohenrain (UTM 402316/5574476) im Ortsteil **Friedland**. Falls Sie übernachten wollen, können Sie rechts nach ▶ **Lahnstein** (größere Hotelauswahl) oder links hinauf nach **Lahnstein auf der Höhe** gehen. Die Entfernungen sind gleich, aber links müssen Sie steigen.

Auf dem Weg nach Lahnstein auf der Höhe (40 min. Gehzeit) mit dem weithin sichtbaren Hochhaus auf dem Berg zweigt unsere Route in einer lang gezogenen Rechtskurve außerhalb von Friedland als ungepflasterte Forststraße schräg rechts ab. Auf halber Höhe des Berges trifft man auf einen von rechts kommenden Waldweg, dem man nach rechts oben folgt.

Oben gelangt man an Ackerflächen und geht den breiten Weg nach links. 150 m weiter kann man an einer Baumgruppe rechts nach Oberlahnstein und zur ▶ **Burg Lahneck** abbiegen. Der Hauptweg führt geradeaus am Waldrand weiter (Pfahl »Todtentaler Weg, 187 m NN«, UTM 402845/ 5573940). An einer Bank rechts des Weges biegt ein Trampelpfad schräg rechts ab: Bleiben Sie auf dem geteerten Hauptweg bis zu einem Parkplatz vor dem Hotel Mercure. Dort geht man auf der Fahrbahn sofort nach rechts.

Noch vor der nächsten Verkehrskreuzung gehen Sie an der Autoeinfahrt des Hotels schräg links in den Wald. Beim Verlassen dieses Wäldchens biegen Sie scharf rechts ab und unterqueren die Landstraße. Dahinter folgen Sie dem Rheinsteigschild geradeaus. 100 m nach Betreten einer Fahrstraße ist an einer Laterne mit der UTM-Bezeichnung »Aspich, 243 m NN« 403062/5552784 nach links auf einen gesplitteten Fußweg abzubiegen. Das Gefälle wird beträchtlich, dann jedoch moderater. Weiter unten im Tal stoßen wir auf einen von links kommenden Fahrweg aus dem **Schlierbachtal** (UTM 403090/ 5571930). Gehen Sie weiter geradeaus.

Sobald Sie an die ersten Häuser gelangen, gehen Sie für 50 m links und danach rechts am Bach entlang. An der nächsten Straße »Im Wiesengrund« biegt man links

BURG LAHNECK wurde 1240 durch den Erzbischof und Kurfürsten von Mainz zum Schutz weiter Ländereien erbaut. Im 30-jährigen Krieg verwüsteten 1633 die Schweden die Burg, die erst ab 1852 wieder aufgebaut und 1937 grundlegend restauriert wurde. 1851 starb Idilia Dubb, eine Engländerin, auf dem Burgfried den Hungertod, nachdem eine baufällige Treppe hinter ihr zusammengebrochen war. Man fand das Skelett erst viele Jahre später. Die Anlage ist von Ostern bis Oktober zu besichtigen. Zugang nur mit Führung.

BURG STOLZENFELS am gegenüberliegenden Rheinufer wurde 1242 als kurtrierische Zollburg erbaut. Auch hier waren die Schweden 1632, jedoch nur als Besatzung. Zerstört wurde der Bau erst 1689 durch Franzosen. 1815 ging sie als Geschenk an den preußischen Kronprinzen, der sie später als neugotisches Schloss wieder aufbauen ließ. Erst 1842 zog er selbst ein. Heute kann man das weithin sichtbare, prächtig ausgestattete gelbe Schloss besichtigen – mit Filzpantoffeln!

und 50 m weiter rechts in die Einmuthstr ab. Noch einmal heißt es steigen, denn gegenüber dem Haus Nr. 31 biegt unser Weg links ziemlich steil bergan.

Beinahe oben angelangt, folgt man einem asphaltierten Weg nach links. Noch weiter oben haben Sie einen Ausblick hinüber auf die andere Rheinseite nach **Brey**. Achtung! An einer Linkskurve steht ein Brettertor. In dieser Linkskurve («Fladenberg, 198 m NN«, UTM 403295/55 71066) biegt man nach rechts in eine Art Eichenmacchia ab. Dort finden Sie ein herrliches Plätzchen, um im Sonnenschein auf dem Fußboden zu rasten. Aus dem Tal schallen Schreie herauf: Der Ruf eines Pfaus. Dann ist wieder einmal Trittsicherheit und gutes Schuhwerk gefragt.

Sobald Sie am Ende der Gefällstrecke angelangt sind, führt unser Steig sofort auf der gegenüberliegenden Seite nach oben. Dort hält man sich links entlang von Zäunen.

Am Ende der nun leicht steigenden Schotterstraße gelangt man an eine eingezäunte Imkerei (UTM 403589/5570791) – und sieht die **Marksburg** am gegenüberliegenden Hang vor sich. Der nächste Aussichtspunkt lässt nicht lange auf sich warten. An einem herrlichen Platz mit Schutzhütte und Bänken hat man abermals einen prächtigen Ausblick auf die Burg sowie auf Rhein und Rheinschleife mit **Spay** am linken Ufer. Die Säulen am Horizont östlich der Burg sind Schornsteine einer alten Bleihütte, in der heute alte Batterien bearbeitet werden. Der Rheinsteig führt an der Schutzhütte vorbei geradeaus nach unten und zum ersten Mal seit langer Zeit wieder an einem Weinberg vorbei.

Unterhalb einer sehr dicken Schornsteinruine stößt der Weg auf eine asphaltierte Fahrstraße, der man weiter nach unten folgt. Im Hang gegenüber sieht man allmählich verfallende Betonruinen früherer Industrieanlagen. Jedes Ding hat seine Zeit!

Sobald Sie an drei in die Straße eingelassenen weiß-roten Schutzpfosten ankommen (100 m vor den ersten Häusern), biegt unser Weg links ab auf einen Pfad mit Geländer. An der »Alten Apotheke« kommt man in **Braubach** auf die Oberalleestraße (L 327).

Hier endet die heutige Etappe, es sei denn, Sie wollen weiter nach **Filsen** laufen.

Die sieben Kurfürsten

In diesem Rheinsteigführer ist sehr oft von »Kurtrier«, »Kurmainz« und auch von »Kurköln« die Rede. Was ist das?
Seit Mitte des 13. Jh. hatten sieben Fürsten das Recht, den König zu wählen (zu küren), die sog. Kurfürsten. Es waren dies die Erzbischöfe von Mainz, Trier und Köln – daher die Bezeichnung Kur-Mainz usw. – der Pfalzgraf bei Rhein, der Herzog von Sachsen, der Markgraf von Brandenburg und der König von Böhmen. Später kamen die Kurpfalz und damit Bayern hinzu, noch später weitere Fürstentümer.
Mit dem Wahlsystem wurde verhindert, dass eine Dynastie sich das Königtum dauerhaft auf dem Erbwege aneignen konnte.

Von Braubach nach Kamp-Bornhofen

Charakter: Eine der schönsten Etappen, aber anspruchsvoll wegen Länge und 1466 Metern Steigungen. Stellenweise Trittsicherheit erforderlich. Empfehlenswerte Burgbesichtigung Marksburg.

Vor der »Alten Apotheke« in Braubach überqueren Sie die Oberalleestraße auf die Brunnenschänke zu und gehen vor dem Haus Karlstraße 10 in die Sommergasse. Steigen ist wieder einmal angesagt, denn Sie müssen zu dem Burgturm, der Ihnen fast auf den Kopf fällt. Belohnt werden Sie mit vielen schönen, oftmals kleinen Fotomotiven. Der Aufstieg zur ▶ Burg dauert etwa 20 min. Von deren Parkplatz aus kann man entweder die Treppe links oder die Straße rechts nehmen.

Nach Verlassen der Burg geht man entlang der Mauer geradeaus und verlässt die Asphaltstraße an der Burgecke auf einem Pfad. Von einer Minute auf die andere ist man des Touristentrubels enthoben und wieder allein mit sich und dem Weg. Am Fuße einer Fahrstraße, die man erreicht, am Haus »An der alten Burg« Nr. 2 geht man an einem Omnibus-Sperrschild vorbei schräg rechts weiter. Nach 150 m kommt man an die uralte romanisch/gotische **Martinskapelle** (1242). Auf ihrem kleinen Friedhof liegt rechts hinten in der Ecke der berühmte Sänger Heinrich Schlusnus (1888–1952).

Unser Steig führt vor dem Friedhof nach rechts unten. Der Rhein taucht auf mit **Spay** am linken

Die Marksburg

Diese Burg ist interessant, weil sie mittelalterlich-intakt ist und mit Führung besichtigt werden kann (lohnend!). Man erfährt, dass sie die einzige Höhenburg am Mittelrhein ist, die nie erobert wurde. Nachgewiesen ist sie 1231 für die Herren von Eppstein und seit 1283 für die Grafen von Katzenelnbogen. 1479 fällt sie durch Heirat an Hessen, 1866 an Preußen. Die schwersten Schäden in ihrem langen Dasein erhielt sie 1945 durch Artilleriebeschuss der Amerikaner, als diese spitzbekommen hatten, dass deutsche Beobachter auf der Burg saßen. Kemenate, Rittersaal, Burgküche, Kanonen: alles kann man – restauriert, aber eben original – besichtigen. Und nebenbei schöne Ausblicke genießen sowie sich für die weitere Wanderung stärken.

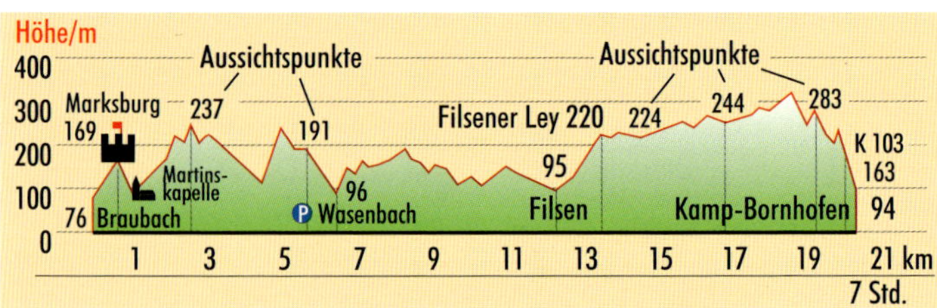

Unterkunfts-Möglichkeiten

Osterspai
Pension Schaus, Kastanienweg 16; Tel 02627-970120

Filsen
Altes Tor, Oberstr. 17; Tel. 06773-333; *Rheinblick*, Kirchstr. 3; Tel. 06773-640

Kamp-Bornhofen
Anker, Rheinuferstr. 43; Tel. 06773 - 215; *Becker*, Kirchplatz 4; Tel. 06773-244; *Burg Liebenstein*; Tel. 06773-308; *Gartenhotel*, Burgenstr. 1; 06773-229; *Inges Malkasten*, Rheinuferstr. 79a; Tel. 06773-919398; *Rheinischer Hof*, Rheinuferstr. 47; Tel. 06773-251; *Rheinpavillon*, Rheinuferstr. 64 a; Tel. 06773-9380; *Wagner*, Burgenstr. 6; Tel. 06773-316

Braubach.

Ufer. Kurz vor den Bahngleisen hält man sich an einer alten Wingertmauer (UTM 403926/5569135) nach links bergauf.

Entlang aufgelassener und mit hunderten von Heckenrosen und anderem Wildgesträuch bestan-

Marksburg vom Rheintal aus.

Unser Weg bleibt weiter an der rheinseitigen Hangkante. Man ist jetzt ungefähr 150 Höhenmeter gestiegen und kommt bald zum nächsten Fotopunkt mit einer Bank, die zum Verweilen einlädt. Zu Füßen liegt noch immer **Spay**.

In der Rheinschleife taucht eine 2 km lange, schmale Buhne auf. Sie heißt »**Auf der Schottel**«. Der Ort flussaufwärts auf der rechten Rheinseite ist **Osterspai**.

Nachdem man sich ein Stück vom Rhein entfernt hat und auf beinahe ebenem Weg recht schnell vorangekommen ist, zweigt der Rheinsteig gut markiert nach rechts ab. In Serpentinen geht es hinunter zum Dinkholder Bach.

Im Talgrund gelangt man an eine gemauerte Wasserstelle »**Sauerborn**, 99 m NN«, UTM 404324/5567122. Probieren Sie einen Schluck aus der Leitung: Das Wasser ist sehr sauer, schmeckt jedoch gut. Man kann es in einem Atemzug nennen mit den Heilquellen in Fachingen, Bad Soden/Taunus oder Krohnthal/Taunus. Der Autor trank es wiederholt und lebt noch. Auf der gegenüberliegenden Seite geht es wieder bachaufwärts.

dener Weinberge geht es zunächst steil bergauf. Wenn Sie Glück haben und der alte Raddampfer »Goethe« kommt gerade den Fluss herauf, ist dies ein wunderschönes Fotomotiv mit **Spay** im Hintergrund.

Oben angekommen, trifft man abermals auf einen schönen Aussichtspunkt, eine Schutzhütte. Hier ist der Anfahrpunkt Nr. 5711-345 (UTM 404214/5568750) für Rettungsfahrzeuge.

Raddampfer »Goethe« bei Spay

Ein paar hundert Meter weiter biegt man schräg rechts ab, und der Sport des Steigens beginnt von neuem. Nach dem Aufstieg wird man bei UTM 404390/ 5566961 mit einer schattigen Raststelle mit Tisch, Bank und schöner Sicht erfreut. Selbst von hier oben kann man am jenseitigen Rheinufer die Kilometertafel »578« erkennen. Am Horizont nochmals der Sendemast Kühkopf.

Nach bequemem Weg nehmen wir bei UTM 403963/5567015 den rechten Zweig einer Wegegabel. Der Bach, den man in 130 m NN quert, heißt Gründling.

Im **Wasenbachtal** (UTM 403378/5566576) kommt man an einen Wendeplatz für Fahrzeuge. Aus der größeren Auswahl von Wegen nimmt man nicht den scharf rechts talabwärts führenden, sondern den an der horizontal bleibenden Seite mit der Tafel »Naturpark Nassau, Wanderparkplatz Wasenbach«.

Der nächste Bach, den man überquert, heißt **Heiligenbach**. Die folgende Strecke besteht aus eintöniger Forststraße via Osterspai. Bei Erreichen einer Asphaltstraße (UTM 402262/5566406) kann man entweder rechts hinunter nach Osterspai (Bhf.) gehen oder man bleibt Richtung Filsen (3 km). Dieser Führer entscheidet sich wie immer für die blaue Wegemarkierung nach links bergan. Wenig später biegt links eine Asphaltstraße den Berg hinauf ab, die man unbeachtet lässt. Gegenüber steht ein Wanderparkplatzschild. 20 m dahinter liegt ein Brennplatz und der Abzweig unseres Weges nach rechts in den Wald (UTM 402121/ 5566316) Von diesem Punkt kann man für einen kleinen Abstecher die Straße 150 m weitergehen und rechts zu einem Rastplatz an der **Florianshütte** (unbewirtschaftet, UTM 402033/5566342) mit hübschem Ausblick gelangen.

Sollten Sie den Abzweig zur Florianshütte versehentlich verpasst haben und auf der Asphaltstraße weitergegangen sein, brauchen Sie nicht umzukehren, sondern können ca. 500 m weiter auf eine andere Straße nach rechts abbiegen und den Rheinsteig oberhalb von Osterspai wieder erreichen.

Zurück zum Brennplatz. Unter einer 2-poligen Leitung kurz hinter einer Trimm-dich-Einrichtung

Osterspai von der Florianshütte aus.

Vor hundert Jahren gab es in dieser Gegend viel Weinbau, der jedoch von Rebläusen zerstört wurde. Danach pflanzte man Kirschen, die noch heute angebaut werden, jedoch wächst die sonst unbewirtschaftete Landschaft allmählich zu. Schaf- und Ziegenherden steuern dem etwas entgegen, was ökologisch erwünscht ist. Das gleiche Problem gibt es z.B. auch in der Lüneburger Heide.

muss man aufpassen: An einem geschnitzten Schild »Waldweg« (UTM 401504/5566466) biegt der gelbe Weg nach **Osterspai** rechts, der blaue Hauptweg nach **Filsen** links ab. (Dort könnte man auch übernachten, wenn man nicht bis Kamp-Bornhofen gehen will.)

In **Filsen** gelangt man an ein prächtiges Fachwerkgebäude mit Straßendurchlass, die »Wachport«. Sie diente früher der Stadtwache und noch heute als Sitzungssaal des Gemeinderats. 50 m vor der Wachport zweigt der Steig bei dem Haus Taunusstraße 2 links in den schmalsten Trampelpfad seit Bonn ab.

Das **MITTLERE RHEINTAL** ist der Durchbruch des Rheins durch das Rheinische Schiefergebirge. Einerseits hat der Strom sich in die Landschaft eingegraben, andererseits wird das Gelände auch heute noch um vermutlich mehr als 2,5 mm in zehn Jahren angehoben (siehe Stilllegung des Atomkraftwerks Mülheim-Kärlich). Die Uferhänge haben eine Neigung von gut 40° und sind daher der Sonneneinstrahlung sehr intensiv ausgesetzt. So kommt es, dass hier eine der wärmsten Gegenden Deutschlands zu finden ist. In dem submediterranen Klima findet man seltene Tiere wie etwa den vom Aussterben bedrohten Segelfalter oder die wie eine Wespe gefärbte Wespenspinne. Der vorwiegend saure Boden des Schiefergebirges begünstigt den Wuchs der vielen Eichen.

Man steigt auf zunächst ungefähr 120 m NN – und bekommt einen wunderschönen Blick auf **Boppard**. Eine halbe Stunde später ist man oben angelangt und wird Schlag auf Schlag mit Fotopunkten belohnt. In der Ferne sieht man hinter der nächsten Rheinkurve die **Burg Sterrenberg**.

☞ **ab jetzt wird nicht jeder Aussichtspunkt einzeln erwähnt; es gibt davon zu viele hintereinander.**

In gut 200 m NN passieren wir eine Marienkapelle (UTM 399754/ 5565947). Bei Stromkilometer 570, deutlich am linken Rheinufer zu lesen, erreichen wir die **Filsener Ley** (UTM 399990/ 5565962). Der Trigonometrische Punkt 241 m NN liegt nur ein paar Meter abseits des Weges. Von der Filsener Ley aus ist das Tagesziel **Kamp-Bornhofen** schon gut zu sehen, gegenüber **Bad Salzig**. Der Sendemast weit im Südwesten steht auf der **Fleckertshöhe** 530 m NN.

An einem kleinen Funkmast neben dem Rheinsteig kann man entweder rechts nach **Kamp** absteigen oder links den Hauptweg nach **Lykershausen** und **Kestert** nehmen.

Nach herrlicher Wanderung auf schmalem Pfad entlang der Hangkante stößt man auf einen 2-spurigen Fahrweg, dem man nach rechts folgt. 100 m weiter befindet sich eine Treppe, über die man zum Bhf. **Kamp** absteigen kann. Unser Weg bleibt geradeaus auf dem Traktorweg. Bald kommt man an einen exzellenten Aussichtspunkt mit Blick von **Boppard** bis **Bad Salzig**.

An einem Wegekreuz im Wald (eine Sitzgruppe an einer Birke) geht man auf breitem Fahrweg Richtung Südosten weiter und nach 100 m schräg rechts den Berg hinab. Wer nach Kompass geht: Richtung 120°. Die Kompassnadel wandert immer weiter in südliche Richtung.

An einem weiteren Kreuzweg (UTM 402893/5564138) mit einer Schutzhütte und einigen Erklärungstafeln winkelt unser Weg rechts ab auf die Tafel »Schwarzerle« zu. Wenn man dann aus dem Wald heraustritt, unterquert man bald darauf eine 3-polige Stromleitung und biegt gut 100 m danach schräg rechts in einen Wiesenpfad ab.

Mehr oder weniger ahnungslos, was kommen mag, steigen Sie nach dem Wiesenweg im Wald bergan – und haben plötzlich von einer Felsnase aus die beiden »Feindlichen Brüder«, die Burgen **Sterrenberg** (rechts, die mit dem weißen Turm) und **Liebenstein** vor sich. Ein fantastisches Bild! Dann allerdings wird der Weg ein wenig »haarig«. Zunächst zieht er sich, recht unangenehm zu laufen, parallel zum Hang hin, um dann ziemlich steil nach unten zu führen. Wer hier knöchelhohe Wanderstiefel trägt und zwei Stöcke dabei hat, ist im Vorteil. Vorsicht beim Bergabgehen; man kommt leicht ins Rutschen. Schließlich gelangt man an eine hölzerne Treppe mit mehr als 80 Stufen hinab zu der Kreisstraße K 103, die rechts nach **Kamp-Bornhofen**, dem heutigen Etappenziel hinunter führt.

Boppard.

Sie haben keinen **KOMPASS**? Macht nichts, denn Sie haben gewiss eine **UHR**. Richten Sie den kleinen Zeiger auf die (hoffentlich scheinende) Sonne aus. Achtung! Während der Sommerzeit (MESZ) auf eine Stunde früher, also um 15 Uhr auf 14 Uhr (statt auf die 3 auf die 2). Die Hälfte zwischen der 12 und der durch den Stundenzeiger angezeigten oder im Sommer zurück gedachten Zeit ist Süden. Beispiel: Es ist im Mai 15 Uhr. Sie stellen die Uhr gedanklich auf 14 Uhr zurück. Die Hälfte zwischen dieser gedachten 2-Uhr-Zeit und der 12 auf dem Zifferblatt ist die 1, also die Minute 5. Ergebnis: Um 15 Uhr MESZ liegt Süden bei der Ziffer 1.

Von Kamp-Bornhofen nach St. Goarshausen

Charakter: Anspruchsvoll wegen etlicher Steigungen und Felsenwege, Pausen für Burgen Sterrenberg, Liebenstein, Greifvogelflug Burg Maus.

Zurück zu der Treppe, die den Rheinsteig auf die K 103 führte, geht man 50 m weiter (UTM 402921/5563188) und dann hinauf zu den beiden Burgen ▶ **Sterrenberg** und ▶ **Liebenstein**, besser bekannt als »**Die feindlichen Brüder**«. Sie sind bewirtschaftet, in der Burg Liebenstein kann man sogar übernachten.

Aus dem Tal oder von der Burg Sterrenberg kommend ist der Weg auf die Burg Liebenstein nur kurz. Dort gibt es eine bewirtschaftete Terrasse unter Ranken, schön zu sitzen. 50 m vor der Burg zweigt der Rheinsteig, beinahe als alpiner Trampelpfad, von der Straße ab. Nach einer Weile kommen Sie an eine Drehtür in einem Elektrozaun. Hier leben als Freilandversuch sehr genügsame, halbwilde Waliser Exmoorponies und südafrikanische Burenziegen, um das Land zu beweiden. »Auf ihrem Speisezettel stehen auch Brennnessel, Brombeere & Co.«, sagt ein Schild am Zauntor. Es wird gebeten, den Weg keinesfalls

Die Burg **STERRENBERG** wurde schon 1034 als Reichsburg erwähnt und ist damit die älteste Anlage am Mittelrhein, nachdem das mittelalterliche Ehrenbreitstein unter der heutigen Festung verschwand. Sie sicherte lange eine Zollstelle im Rhein. Ende des 13. Jh. ging sie an die Grafen von Katzenelenbogen, jene, die auch auf der Marksburg bei Braubach saßen. Im Streit mit dem Erzbischof von Trier verlieren die Grafen die Burg. Sie wird bald baufällig und ist schon 1568 nicht mehr bewohnt. Markantestes Bauwerk ist heute der romanische Bergfried.
Die Burg ist jetzt im Besitz des Landes Rheinland-Pfalz. Sie möchten einen alten Burgbrunnen sehen? Gehen Sie um den Bergfried der Sterrenberg herum: Dort finden Sie einen.

Die Burg **LIEBENSTEIN** ist jünger. Sie wurde etwa 1284-1290 gebaut und ist kleiner als Sterrenberg. Vermutlich diente sie als Vorburg zu ihr. Trotz des martialischen Beinamens der beiden Burgen gilt als gesichert, dass nie ein bewaffneter Kampf zwischen ihnen stattgefunden hat. Auch Burg Liebenstein ist ab 1529 unbewohnbar. Heute beherbergt der restaurierte Burgturm ein Hotel. Die Preise entsprechen der exklusiven Lage.

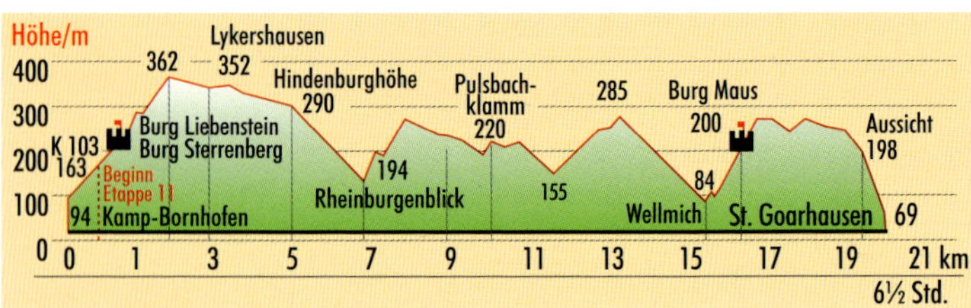

Unterkunfts-Möglichkeiten

Prath
Familie Geis, Gartenstr. 5; Tel.06771-1757 oder 2544

Kestert
Goldener Stern, Rheinstr. 38; Tel. 06773-7102; *Krone*, Rheinstr. 37; 06773-7142; *Schlaadt*, Kirchstr. 7; Tel. 06773-7140; *Weinstube Scheid*, Kirchstr. 3; Tel. 06773-7188

St. Goarshausen
Colonius am Rheinufer, Bahnhofstr. 37; Tel. 06771-2604; *Deutsches Haus*, Wellmicher Str. 7; Tel. 06771-2617; *Nassauer Hof*, Bahnhofstr. 22; Tel. 06771-802840; *Rheinhotel Adler*, Bahnhofstr. 6; 06771-95960

zu verlassen oder zu versuchen, mit den Tieren Kontakt aufzunehmen oder sie zu füttern.

Vielleicht ergeht es Ihnen wie dem Autor: Er hat auf dem spanischen Jakobsweg in einer weitläufigen Farm für wilde Kampfstiere nie eines dieser in der

Bild oben: Burg Sterrenberg;
Bild unten: Burg Liebenstein.

Arena gefährlichen Tiere zu Gesicht bekommen. Auch am Rhein riecht man zwar die halbwilden Pferde, aber man sieht sie meistens nicht. Nach einer Weile steht links des Weges ein kleines Steinkreuz mit der Inschrift »Hier wurde im Jahr 1754 der Landarbeiter Bartholomäus Sauerborn erschlagen und beraubt«. Friede seiner Seele!

Nach gemütlicher Wanderung durch Wald und Feld liegt **Lykershausen** vor Ihnen (keine Übernachtungsmöglichkeit). Vom Rhein ist weit und breit nichts mehr zu sehen. An der aus Backsteinen (in diesem Gebiet ziemlich selten) gemauerten Kirche (UTM 404647/5562448) biegt man nach rechts Richtung **Kestert** ab. Schon bald ist man aus dem Dorf heraus und hält sich an der nächsten Waldecke an einem Schild »Kestert« abermals rechts. Der Weg zur **Hindenburghöhe** (UTM 403891/5561058) ist angenehm. Gehen Sie die Treppe rechts hinunter: Nach 50 m haben Sie eine einmalige (wie oft musste man das schon sagen...) Sicht in das Tal. Der kleine Abstecher ist ein Muss!

Von der Hindenburghöhe geht es mehr oder weniger bequem bergab, bis man problemlos an den Abzweig nach Kestert (Hoteltafel rechts) kommt. Wenn Sie übernachten wollen, sind es zehn Minuten bergab bis zur Bahnlinie, dann auf die Kirche zu und zum Rhein hinunter.

Unser Weg Richtung Pulsbachklamm – St. Goarshausen bleibt indessen noch ein wenig auf der Straße links. 100 m hinter einem gemauerten Wasserbecken »Mäuseborn« zweigt der Rheinsteig bei UTM 4038742/5560159 nach links den Berg hinauf ab. Wir empfehlen, 200 m auf der Asphaltstraße zu bleiben, um zu dem Aussichtspunkt »**Rheinburgenblick**« (rechts ein kleines Stück von der Straße entfernt) zu gehen.

Zurück zum Mäusebornabzweig folgt man oben einer 3-poligen Stromleitung, bis der Weg nach rechts wieder fällt und nach **Oberkestert** hinein führt. Dort kommt man auf eine Asphaltstraße (UTM 404405/5559861), biegt an einem Kruzifix links ab und verlässt den Ort wieder auf angenehmem Weg durch Wiesen, Felder, undurchdringliche Büsche und lichten Wald.

Am Weg der Anfahrpunkt Nr. 5812-751 für Rettungsfahrzeuge.

Irgendwann kommt man an einen Wegweiserpfahl »Abzw. Prath, 208 m NN«, UTM 405304/5559901. Hier kann man nach **Prath** (eingeschränkte Übernachtungsmöglichkeit) oder nach rechts Richtung **St. Goarshausen** und zur **Pulsbachklamm** gehen. Am nächsten Wegweiserpfahl UTM 405159/5559661 kann man rechts in die Klamm abbiegen oder daneben auf dem Hauptweg mit seinen Rheinsteigschildern bleiben.

Schon bald wird der Weg an der Rheintalkante wieder romantischschön mit Felspartien und Ausblicken, bis plötzlich im Rhein eine Art kleines Wehr auftaucht, das sich zur Rheininsel **Ehrenthaler Werth** auswächst. Zu Füßen unserer Klippenstrecke liegt der kleine Ort **Ehrenthal**, dessen Kirche mit einem Wirtshaus zusammengebaut ist: Gottesdienst und Frühschoppen unter einem Dach! Schauen Sie einmal genau hin ...

An einem Wegweiserpfahl »Abzw. Ehrenthal, 165 m NN«, UTM 405485/5558961 kann man entweder über eine alte Halde nach Ehrenthal absteigen oder links bergauf Richtung **St. Goarshausen** weitergehen.

Man betritt hier einen Bergbau- und Landschaftslehrpfad. In dieser Gegend wurden hauptsächlich Schiefer und Quarz sowie Erz abgebaut.

Sobald man oben aus dem Kiefernwald heraustritt, kann man nach schräg rechts zu einem kleinen Aussichtspunkt oder nach links den Rheinsteig weiter gehen. Das Terrain lässt unschwer die frühere Nutzung erkennen.

Ein schöner Feldweg hat uns wieder. Man ahnt nicht, dass hier

Die Erzgrube Wellmich

Das taube, also nutzlose Gestein wurde zu tage gefördert und auf Halde gekippt. Das Erz jedoch wurde bis zur »Sohle 180 Meter« gebracht. Eine elektrische Lokomotive zog die Loren unterirdisch hinüber auf die linke Rheinseite, wo sie zum oberirdischen Wasch- und Pochwerk Prinzenstein gefördert wurden. Danach brachte die Eisenbahn das Erz (Blei, Zink, Kupfer, Silber) zur Verhüttung. Der älteste Hinweis auf den Abbau, der erst nach dem 2. Weltkrieg eingestellt wurde, findet sich Mitte des 18. Jh.

Mit dem Bau der Burg St. Peterseck, die heute **Burg Maus** heißt, begann der Erzbischof von Trier im Jahre 1356. Sie wurde zur beliebten Residenz der Trierer Erzbischöfe und später des Adels, bis man sie im 17. Jh. vernachlässigte und sie 1806 als Ruine endete.
Die Burg ist heute in Privatbesitz und kann nicht besichtigt werden.

Kirchturm von Wellmich, im Hintergrund Burg Maus

seit dem Mittelalter ein Dorf und später eine Bergwerksanlage gestanden haben. Um 1760 herum wurden reichhaltige Erzadern entdeckt, die allerdings im 19. Jh. ihre Bedeutung wieder verloren. Alles dies kann man an einer Wegebiegung mitten in den Feldern nachlesen.

Sobald man auf einen breiteren Feldweg mit Bank stößt, hält man sich links (UTM 406157/5559265). 100 m hinter einer Schutzhütte biegt der Rheinsteig am Trigonometrischen Punkt 285 m NN nach rechts zum Wald hin ab (UTM 406282/5559352).

Allmählich kommt auch der Rhein wieder zum Vorschein, der eine ganze Weile »verschwunden« war. Plötzlich liegt sie am Gegenhang vor uns: Die **Burg Maus** oberhalb von **Wellmich** und im Hintergrund **St. Goar** auf der linken Flussseite.

Von einer Wegebiegung aus sieht man einen halbverfallenen Turm, der vermutlich der Grube »Fortuna« und der »Sachsenhäuser Grube« als Schwadenabzug gedient haben könnte. Niemand weiß das so genau.

An einer alten, noch erkennbaren ▶ Bergwerkshalde kann man entweder den Berg hinab auf einer alternativen Wegführung oder scharf links an einem Wanderzeichen schwarzes »RT« auf weißem Grund (UTM 406626/5558858) gehen. Die sorgfältig gebaute Bruchsteinmauer und der massive Fahrweg im steilen Hang lassen ahnen, dass hier einmal die Industrie das Sagen hatte. Vor 200 Jahren.

Nach einer kleinen Weile tauchen links unten rote Tennisplätze und kurz darauf am Hang abermals die Burg Maus auf. Nehmen Sie den Kiesweg nach links unten.

In **Wellmich** (UTM 406705/5558661) geht man die Landstraße (L 334) 100 m nach links bis zum Feuerwehrhaus. So hübsch die ▶ **Burg Maus** auch aussehen mag: Es gibt, weil Privatbesitz, keine Burgbesichtigung, auch keine Verpflegung, jedoch gegen Entgelt frei fliegende Adler, Falken und Uhus zu sehen. Nichtsdestoweniger führt unser Weg vor das Burgtor. 20 Minuten Steigen sind bis zur Burg (UTM 406912/5558581) angesagt. Dort geht man nach links und steigt in Serpentinen an der Burg vorbei immer höher. Deutlich oberhalb Turmhöhe gibt es einen kleinen Abstecher zu einer Aussichtsklippe. Um diesen Weg zu begehen, sollte man jedoch keine Höhenangst haben. Dann allerdings fühlt man sich in den Klippen wie auf einem Adlerhorst. Drüben auf der anderen Flussseite, jetzt schon ziemlich nahe, **St. Goar** mit seinem Yachthafen und darüber der mächtigen ▶ **Burg Rheinfels**.

Ganz oben angekommen, ein Wegweiserpfahl »Ohlenberg, 272 m NN«, UTM 407166/5558520. Hier geht es an einer Infotafel vorbei schräg rechts hinab. In den Wiesen, 100 m vor einem Hochsitz, zweigt der Weg rechts ab nach **St. Goarshausen**. Nach genussreicher Wanderung mit immer wieder schönen Ausblicken kommt man bei UTM 408308/5557528 an den Wegweiserpfahl »Engersberg, 241 m NN«. Hier biegt man rechts auf eine Asphaltstraße ab. Nach St. Goarshausen mit seinen Übernachtungsmöglichkeiten sind es nun noch 1½ km.

Vorbei an einer neuen und sehr schönen Hütte (Fotopunkt) kommt man zum nächsten Fotopunkt mit Weinbergen im Vordergrund und der mächtigen Burg Rheinfels im Hintergrund. An einer großen Sendeanlage biegt der Rheinsteig links ab. Ein steiler Trampelpfad führt hinunter nach **St. Goarshausen**. Am Friedhof hält man sich rechts und geht vor der Bahnschranke links über eine Fußgängerbrücke (UTM 408137/5556826). Zum Übernachten unterquert man die Bahnlinie.

BURG RHEINFELS, gebaut 1245 als Zollburg, war später die größte Wehranlage am Mittelrhein zwischen Koblenz und Bingen und seit 1657 die stärkste Festung des Reichs. Bauherr war wieder einmal ein Katzenelnbogener, Graf Diether V. 130 Jahre später wurde gegenüber als Pendant die Burg Katz gebaut, daher die Bezeichnung »St. Goarer Doppelzoll«. 1570 erfolgte der Umbau zu einem Renaissance-Schloss. Viele Erbstreitigkeiten und Schlachten musste das Bollwerk überstehen, bis 1796/97 französische Revolutionstruppen die Burg sprengten. Sie wurde 1812 als Ruine verkauft und als Steinbruch für den Bau der neuen Festung Ehrenbreitstein benutzt. 1843 gelangte sie durch Kauf in den Besitz von Preußen, wurde restauriert und beherbergt heute ein nobles Hotel.

Burg Rheinfels.

Von St. Goarshausen über die Loreley nach Kaub

Charakter: Wegen der Länge und mehrerer Steigungen eine zwar schöne, jedoch auch anspruchsvolle Etappe.
Vorbemerkung: Wenn man von **St. Goarshausen** startet, kann man sich bei Zeitmangel den Weg über **Patersberg** sparen. Man verpasst nicht wirklich etwas, wenngleich die Aussicht vom »**Dreiburgenblick**« schon recht schön ist. Der direkte Aufstieg zur Burg Katz beginnt in St. Goarshausen schon kurz hinter der Rheinfähre (gelbes Rheinsteigzeichen).

Blick von der Loreley nach St. Goarshausen.

Wir nehmen den Weg an der dauerhaft geschlossenen Bahnschranke neben dem Bahnhof in St. Goarshausen, vorbei an einem großen Supermarkt, wieder auf. An einer Straßengabel mit einem privaten Wegweiser »**Patersberg**« geht man rechts. An einem weiteren Wegweiser »Dreiburgenblick/Rheinpanorama« geht man rechts eine steile Treppe hinauf.

Weiter oben biegt man an einer Bank mit verschiedenfarbigen Hölzern über Treppenstufen nach rechts und kommt auf der Anhöhe auf eine Wiese mit abermals hübschem Sitzplatz. Der Felsen in der Ferne mit Flaggen und einem gelben Gebäude, unterhalb dessen der Rhein nach links verschwindet, ist die ▶ **Loreley**. Zu unseren Füßen kreuzt die grün-gelb gestrichene Autofähre zwischen St. Goarshausen und St. Goar hin und her. Der heilige Goar war in grauer

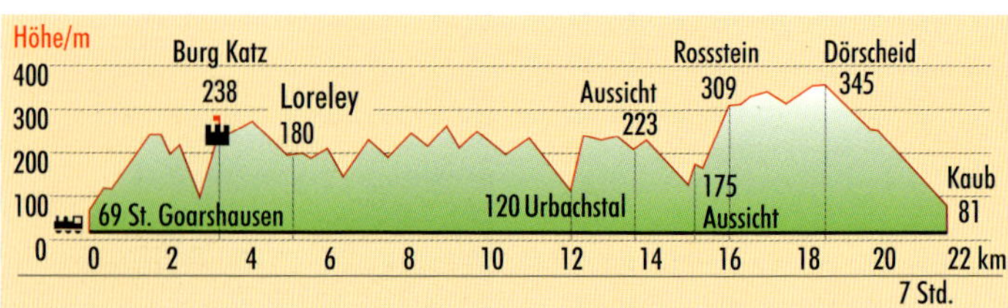

Burg Katz, im Hintergrund St. Goarshausen.

Vorzeit ein Eremit aus Aquitanien. Die weiße Kirche ist die (heute) evangelische **Stiftskirche St. Goar**, deren Krypta aus dem 11. Jh., der Chor von etwa 1250 stammt. Das Langhaus wurde 1444 gebaut. Eine Vorgängerkirche wird schon für 772 erwähnt. – Die dunkle Kirche weiter flussabwärts ist ein neugotisches Gotteshaus.

50 m hinter der Hütte »**Dreiburgenblick**« steht an einer Bank eine Informationstafel über die Schifffahrtszeichen am Rhein. An dem scharfen Flussknick unterhalb der ▸ **Burg Katz** erkennt man den Signalposten »**Bankeck**«. Das Fahrwasser unterhalb der Loreley bis hinauf nach **Oberwesel** ist eine der gefährlichsten Stellen für die Rheinschifffahrt.

Der moderne Wohnkasten ein Stück weiter auf Bergeshöh' wurde nach den verschiedensten Nutzungen, u.a. als Schulungszentrum der Lufthansa, in Eigentumswohnungen aufgeteilt und dient den meisten Bewohnern als Ferienwohnung. Man geht geradeaus bis zu einem großen Parkplatz (UTM 409259/5556861), biegt rechts ab und um einen Bungalow herum abermals nach rechts in verwilderte Weinberge hinab. Der Abstieg ist mühsam durch eine uralte Pflasterung aus querliegenden Felssteinen. Damit Sie ahnen, was auf Sie zukommt: Sie müssen wieder bis zum Rhein hinunter und dann zur Burg Katz und zur Loreley hinauf.

Die drei Drähte, die drüben am Hang empor führen, sind nicht

Die Sage von der schönen Loreley

In dem strudelreichen Rhein-Abschnitt im Bereich der Loreley erlitten im Laufe der Zeit unendlich viele Boote Schiffbruch. Das besingt Heinrich Heines berühmtes Loreleylied »Ich weiß nicht, was soll es bedeuten, dass ich so traurig bin. Ein Märchen aus uralten Zeiten, das geht mir nicht aus dem Sinn...«
Der Sage nach war es die schöne Loreley, die Haare kämmend auf dem Felsen saß und die Schiffer in den Tod riss.

Burg Katz wurde in der 2. Hälfte des 14. Jh. von Graf Wilhelm II. von Katzenelnbogen (daher der Name Katz) zur Unterstützung der Burg Rheinfels gebaut. Damit war der Sperrriegel zur Erhebung des Rheinzolls perfekt. Später kam sie durch Erbschaft an die Landgrafen von Hessen. Napoleon ließ die Burg, obwohl sie keine militärische Bedeutung mehr hatte, 1806 sprengen. Später kam sie in Privatbesitz und wurde restauriert.

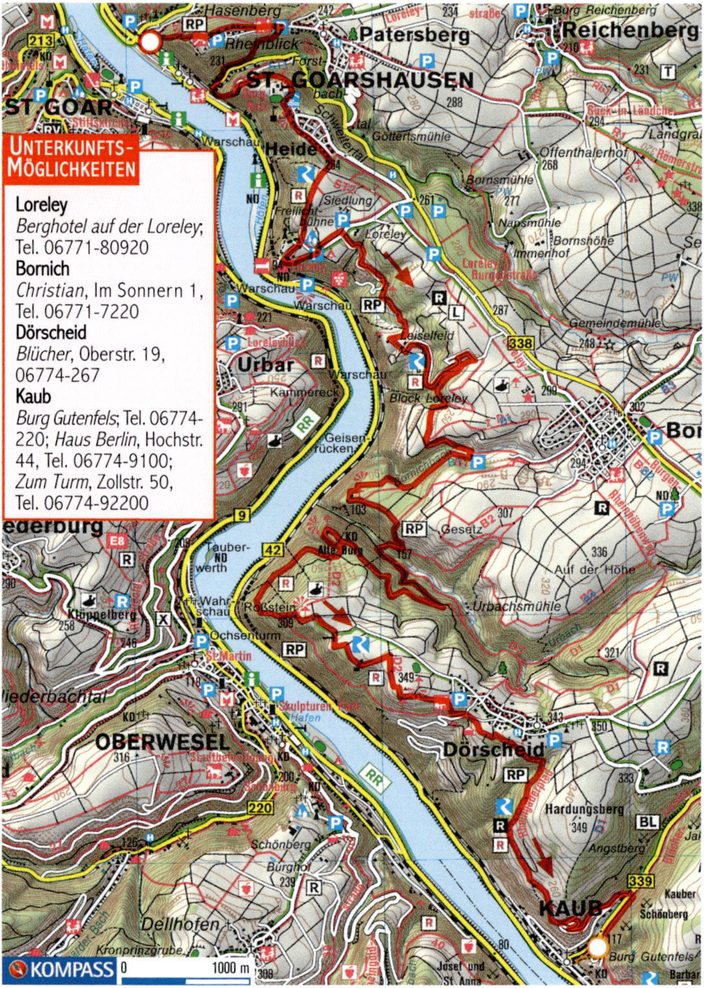

Unterkunfts-Möglichkeiten

Loreley
Berghotel auf der Loreley, Tel. 06771-80920

Bornich
Christian, Im Sonnern 1, Tel. 06771-7220

Dörscheid
Blücher, Oberstr. 19, 06774-267

Kaub
Burg Gutenfels; Tel. 06774-220; *Haus Berlin*, Hochstr. 44, Tel. 06774-9100; *Zum Turm*, Zollstr. 50, Tel. 06774-92200

etwa ein Sessellift, wie man hofft, sondern es handelt sich ganz profan um eine Stromleitung. Schade.

Unten in **St. Goarshausen** – da waren wir doch schon einmal? – biegt man vor der südlichen (!) Bahnunterführung neben dem Haus Burgstraße 5 in den Weg »An der Burg Katz« ein. Sind Sie schon einmal auf den Kölner Dom oder das Ulmer Münster gestiegen? Auch jetzt kommen Treppen, Treppen, Treppen ...

Bei UTM 408945/ 5556422 stößt

Dreiburgenblick mit Hütte.

man auf einen Fahrweg, dem man nach rechts folgt. Wenig später steht man vor dem Tor der ▶ Burg Katz (keine Besichtigungsmöglichkeit) und wendet sich nach links weiter bergauf. Man kommt an den Sportplatz eines Schulzentrums. In der nächsten Rechtskurve findet man eine Hinweistafel auf einen eisenzeitlichen Wall aus dem 5. Jh. v. Chr.

Sobald man hinter dem letzten Gebäude der Siedlung nach rechts in den Wald abgebogen ist, gabelt sich 50 m weiter der Weg. Nehmen Sie den rechten Zweig, den mit weißem »RT«. In den folgenden Wiesen kreuzen Sie mit einem kleinen Schlenker einen Fahrweg und gehen auf einen Hochsitz zu. 50 m vor diesem winkeln Sie jedoch links ab (UTM 409519/5555566). Wenig später gehen Sie auf eine gut sichtbare Tafel »RP« zu und am Feldrain nach unten Richtung Campingplatz. Ohne es recht zu merken, ist man auf dem Loreleyplateau angekommen. Am Besucherzentrum steht eine UTM-Markierung 187 m NN, 409428/5555188. Zum **Loreleyfelsen** sind es noch 400 m. Auf dem Weg dorthin steht ein Werbeschild »Zur Felsenterrasse«. Sie ist vergleichbar mit den Terrassen auf dem Petersberg oder dem Drachenfels, nur nicht so vornehm, aber ebenso schön und bewirtschaftet.

Am Berghotel Loreley (Übernachtungsmöglichkeit) verlässt man den Platz großen Trubels und folgt der Kreisstraße K 89. 150 m hinter dem Zeltplatz sieht man rechts ein fassähnliches Hinweisschild auf einen Weinlehrpfad. Hier biegt man rechts ab. Zwar geht man weiterhin auf Asphalt, doch sind die Autotouristen verschwunden. Unter einer Art Ponderosa-Tor hält man sich an einer Straßengabel rechts.

In den Weinbergen, die man nun betritt, sieht man viele gelbe Dreiecke an Pfählen. Es sind Markierungen für Hubschrauber, die Pflanzenschutz sprühen. Man riecht es. Wenn auch die Böden heute mit Maschinen an Seilzügen bearbeitet werden, so bleibt die Arbeit im Weinberg nach wie vor eine harte Angelegenheit.

An einem Blumenspalier in einer S-Kurve mit Schutzhütte verlassen wir den Asphaltweg und gehen links in den Wald hinein. Wenn Sie nach einer ganzen Weile an eine 4-polige Stromleitung gelangen, biegen Sie rechts ab. Um das nächste eingezäunte Grundstück geht man rechts herum und kommt an eine sehr schöne Aussicht. (Wegweiserpfahl »Spitznack, 187 m NN«, UTM 410054/5554265). An dem nächsten beschilderten Abzweig »Zur Aussicht Felsenkanzel, 182 m NN«, UTM 410089/5554208 biegt der Rheinsteig nach links ab.

An dem Haus vorbei, das wir schon vor einer Weile von der Stromleitung aus gesehen haben, folgen wir der Teerstraße in weitem Bogen um das Tal herum. Von dem Loreley-Rummel, in Luftlinie gar nicht so fern, ist hier absolut nichts mehr zu spüren. Selbst Rheinsteigleute haben sich auf dem Streckenstück rar gemacht.

Nach langer Asphaltwanderung kommt man an einen Pfahl mit Hinweis auf das »Marktstübchen«. Hier biegt man rechts ab. Die Markierung lautet »Langenhainzen« UTM 410572/5554013. Nach 30 m geht es schräg links ein bisschen bergan. Abermals 150 m weiter steigt man links einen Trampelpfad empor und kommt zum »**5-Seen-Platz**« (UTM 410537/5553841). Noch weiter oben, 100 m vor einem Hochsitz, winkelt der Rheinsteig scharf rechts ab.

An einem Wegestern erreichen Sie einen Wegweiserpfahl »Bornichbach 221m NN«, UTM 410405/5553397 mit privaten Wegweisern »Marktstübchen« und »Rheinhölle«. Die Gemeinde **Bornich** lädt den Rheinsteigwanderer zu einem Besuch ein (links bergauf), während unser Weg nach **Kaub** über den Trampelpfad nach unten führt (Beschilderung »B1« auf blauem Grund). Folgen Sie nach der Bachbrücke weiter dem Wegweiser »B1« Richtung **Dörscheid** und Kaub. Weiter oben stößt man auf einen Hauptfahrweg mit dem »Anfahrpunkt für Rettungsfahrzeuge« Nr. 5812-802. Hier biegt man rechts ab.

An einer Schutzhütte gelangt man wieder an eine sehr schöne Aussichtsstelle, von der man die ersten Häuser von **Oberwesel** (linksrheinisch) zu Gesicht bekommt. Im Hang auf der linken Rheinseite sehen Sie, gut zu unterscheiden, sowohl aktive als auch aufgegebene Weinberge. Der Rheinsteig führt links bergan. Bei einem Schild »An den Dachsgruben, 247 m NN«, UTM 410160/-5552774 zweigt unser Weg rechts ab. Es folgt ein schöner, wenn auch steiler Bergabpfad durch Wildnis, die wohl früher einmal Weinberge waren. Relikt aus alten Zeiten: Ein Wingertshäusje mit betonierten Wasserauffangbecken und der Jahreszahl 1931. Wir haben jetzt noch über 100 m Gefälle vor uns, die wir auf der anderen Talseite wieder empor müssen. Was muss das früher für eine Plagerei im Weinberg gewesen sein, mit den großen Kiepen bergauf und bergab zu steigen.

An einem Wegweiserpfahl »**Urbach**, 174 m NN«, 410188/5552560 geht man nach **Bornich** links und nach **Kaub** rechts. Bei aller Beschwernis: Der Weg hinab in das Tal ist zauberhaft. Die Autotouristen verpassen etwas! Sogar eine alte Furt ist dabei, über die man heute jedoch einen Steg gebaut hat. Hinter diesem stößt man auf

Wanderer bei Bornich.

einen Fahrweg: Nach links bergauf, marsch, marsch! (UTM 409909/5552714). 100 m weiter bleiben wir an einer Wegegabel rechts hinauf.

Bei der Wegemarkierung »**Urbachsmühle**, 208 m NN«, UTM 410333/5552238 (bis dorthin wäre es noch ein ganzes Stück zu laufen, insofern ist die Bezeichnung nicht ganz richtig) biegt man nach Kaub (ca. 9 km) rechts ab. Der Weg wird flacher. An der nächsten Wegegabel bei UTM 410139/5552360 hält man sich links bergauf. An einen dünnen Baum gepinselt sieht man das Wegezeichen »RT«. 150 m hinter einer 3-poligen Stromleitung biegt man nach rechts auf einen Forstweg ein, den man schon nach wenigen Metern wieder nach rechts verlässt. Auf breitem Weg geht es nun »potteben« an einer senkrechten Hangkante entlang; auch Vater Rhein lässt sich wieder einmal blicken. Man passiert eine Schutzhütte und sieht abermals **Oberwesel** am linken Rheinufer vor sich. Mitten im Rhein eine Sandbank und drüben auf der anderen Rheinseite eine Felseninsel: Das ist es, was das Fahrwasser hier so gefährlich macht (UTM 409552/5552711).

100 m weiter liegt im Wald ein zugewachsener Hügel. Man liest auf einem Schild, dass hier im Jahre 1359 der Pfalzgraf Ruprecht mit dem Bau einer Burg begonnen habe. Da sie bereits zwei Jahre später in einem Besitznachweis nicht mehr aufgeführt wird, nimmt man an, dass sie bereits 1360 wieder zerstört wurde. In der Wanderkarte ist der Punkt mit »Alte Burg« gekennzeichnet. Unser Steig wendet sich nach rechts.

Und dann, nun uns zu Füßen, **Oberwesel** mit seiner Martinskirche (die weiße mit dem mittelalterlichen Turm), seiner lang gezogenen Stadtmauer, der Liebfrauenkirche von 1308 (rot), mittendrin der weißen Wernerkapelle und links oben am Hang der **Schönburg** aus der 1. Hälfte des 12. Jh. Sie wurde, wie so vieles, im Pfälzischen Erbfolgekrieg 1689 zerstört und Ende des 19. Jh. privat wieder aufgebaut. In ihrem südlichen Teil befindet sich heute ein Hotel.

In der Ferne mitten im Fluss, einem hochbordigen Schiff gleich, die Burg ▶ **Pfalzgrafenstein**, besser bekannt als die **Pfalz Kaub**.

Pfalzgrafenstein mit dem alten Stadtturm von Kaub.

(»Wahrschau!« = seemännisch Aufpassen, Vorsicht) der Rheinschifffahrt, die mithilft, den Rheinverkehr an der **Loreley** sicher vorbeizuleiten. Sie meldet alle zu Tal (flussabwärts) fahrenden Schiffe, die dem entgegenkommenden Verkehr auf einer Leuchttafel angezeigt werden.

Unser Weg nach **Dörscheid** führt jetzt durch weite Wiesen. In der Ferne sieht man **Bornich** mit seinem weißen Kirchturm. Wenige hundert Meter hinter einem Sendemast steht ein kleiner Pfahl mit einem Rheinsteiglogo. Hier winkelt man nach rechts. Man geht parallel zu einer 3-poligen Stromleitung und kreuzt dann eine zweite ebenfalls 3-polige Leitung. Der nächste Aussichtspunkt mit Hütte taucht auf – und ganz nahe das Dorf **Dörscheid** (Übernachtungsmöglichkeit). Es kommt gerade recht, wenn man nach langer Sonnenwanderung so richtig durstig ist. Man geht in den Ort hinein und kommt nach 250 m an eine Laterne mit einer Bezeichnung »Am Hofstück, 329 m NN«, UTM 410665/5551365. Hier geht man entweder zum Übernachten geradeaus in das Dorf oder biegt

In Kaub liegt auch das vorgeschlagene Tagesziel. Wir sind jetzt auf dem **Rossstein**, und der Rheinsteig macht seinem Namen »Steig« Ehre: Er führt alpin und zum Teil mit Seilsicherung nach oben. Traumhaft! Irgendwann kommt ein Wegweiserpfahl »Rossstein, 276 m NN«, UTM 409168/5552050.

Oben angelangt, findet man in einer rundum offenen Hütte auf den Tisch aufgeschraubt eine Zeichnung, was man von hier aus so alles sehen kann. Am Fluss unten rechts, vielleicht 100 m neben dem mittelalterlichen Stadtturm, die moderne Wahrschaustation rechts ab nach **Kaub** (4 km). Schon ist man wieder in den Wiesen und kommt nach einer Weile auch hier an das Hotel Blücher mit einem Wegweiserpfahl 341 m NN, UTM 411135/5550969. An dem Pfahl biegt man rechts ab.

Im lichten Buschwald zweigt in einer Linkskurve des Fahrwegs 80 m vor einem Hochsitz ein schmaler werdender Weg rechts, also geradeaus ab. An einem gelben Erklärungsschild »E+E Vorhaben Mittelrheintal« biegt man schräg rechts ab.

Über einen Gitterrost betritt man eine abwärts führende Asphaltstraße (UTM 411431/5549443). Unmittelbar vor uns, sozusagen in Kussentfernung, aber jenseits des Blüchertals (der mit der preußischen Armee gegen Napoleon) die Burg **Gutenfels** oberhalb von Kaub. Eine riesige Abraumhalde aus alten Zeiten »ziert« den uns gegenüberliegenden Hang – heute wäre eine solche Entsorgung wohl nicht mehr möglich. Bei UTM 411832/5549585 stößt man auf eine weitere Asphaltstraße und folgt ihr nach rechts abwärts.

Wenn man ein Stück bergab den Kirchturm von **Kaub** zu Gesicht bekommt, ist an der rechten Weinbergmauer das Werbeschild einer Straußwirtschaft angebracht. Hier steigt man über eine Treppe durch einen Weinberg hindurch zum Ort ab. Gleich das erste Gebäude ist der »Leiterberger Turm«, ein um 1320 gebauter Schutz des Weiseler Tors, der seit Ende des 19. Jh. im Volksmund »Philippinenburg« genannt wird. Der Wachtturm war seit dem Mittelalter lange Zeit bewohnt und ist seit den Franzosenkriegen in Privatbesitz.

Man kann entweder links hinauf zur ▶ **Burg Gutenfels** (keine Besichtigung, jedoch Übernachtungsmöglichkeit) oder auf verschiedene Weise durch Kaub gehen, sollte vielleicht auch einmal einen Abstecher unter dem Bahndamm hindurch mit Blick oder Fährüberfahrt zum ▶ **Pfalzgrafenstein** machen, ehe man entlang der Bahn Richtung Südosten weitergeht oder die Etappe im Ort beendet.

BURG PFALZGRAFENSTEIN, besser bekannt als »Die Pfalz Kaub«, wurde mitten in den Rhein gebaut. Der Turm stammt von 1325 und wurde als Zollwache errichtet. Wie die Burgen Boppard und Marksburg wurde die Burg Pfalzgrafenstein nie zerstört oder wesentlich verändert, allerdings durch die Jahrhunderte immer wieder ergänzt. Erst 1867, als beide Rheinseiten preußisch geworden waren, zogen die letzten Zollbeamten ab. 1606 wurde wegen des ständigen Eisgangs auf dem Rhein die flussaufwärts gelegene Spitze angebaut, die auch als Geschützbastion diente. Berühmt wurde der Pfalzgrafenstein durch den Übergang Blüchers mit seiner schlesischen Armee über den Rhein in der Neujahrsnacht 1813/14. Die Franzosen am linken Rheinufer feierten Neujahr und ahnten nicht, dass der »Marschall Vorwärts« in einem Geniestreich den Rhein überwand. Blücher und Gneisenau sind in Kaub die Helden.
Noch bis in die 60-iger Jahre des 20. Jh. diente die Pfalz der Rheinschifffahrt als Signalstation. Sie kann besichtigt werden (Fähre).

Von Kaub nach Lorch

Charakter: Gehobener Anspruch wie alle Etappen in diesem Rheinstück, jedoch nicht wirklich schwer, eher moderat. Etliche schöne Ausblicke.

BURG GUTENFELS wurde 1220 als Burg Kaub gebaut. Sie ist ein gutes Beispiel staufischen Burgenbaus. Seit 1504 heißt sie GUTENFELS. Sie wechselte öfter die Besitzer, ehe Napoleon sie 1806 sprengen ließ. 1889 wurde sie privat wieder aufgebaut. Heute beherbergt sie ein edles Hotel und ist nicht zu besichtigen.

In **Kaub** geht man in südöstlicher Richtung um den »Dicken Turm« herum, auch »Diebsturm« genannt (warum wohl?), gebaut 1485 als südliches Stadttor (UTM 411790/5548791), dann biegt man links in die Adolfstraße ab.

Hinter dem Haus Adolfstraße 35 b führt der Rheinsteig links hinauf. An einer Straßenlaterne unübersehbar der Abbiegewinkel des »RV« Richtung Wiesbaden. Ca. 200 m vor der Burg ▶ **Gutenfels**, ungefähr auf gleicher Höhe, treffen wir mit dem Abschneider von der sog. Philippinenburg zusammen und winkeln nach rechts bergauf, Rhein und Pfalzgrafenstein nun rechter Hand. Die bewaldete Insel, die an der linken Stromseite in der nächsten S-Kurve auftaucht, ist die **Bacharacher Werth**. Die Wildnis rechts und links unseres Weges war einmal Weinbaugebiet.

An den Sportanlagen des Kauber Tennisclubs vorbei geht man auf ein Haus zu, neben dem der

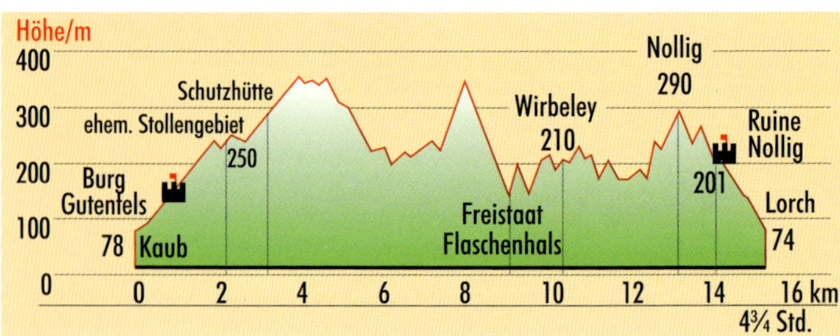

Rheinsteig als Forstweg weiter bergan steigt. Es ist unschwer zu erkennen, dass hier früher Industriegebiet war (Barbarastollen, Rennseiterstollen, Ernestineschacht). An einer Schutzhütte (UTM 412634/5548542) hat man einen Blick auf Oberwesel im Norden, die Burg Gutenfels und im Süden Bacharach.

An einem Wegestern finden Sie einen Wegweiserpfahl »Abzw. Sauerthal, 351 m NN«, UTM 413253/5548532. In **Sauerthal** gibt es die ▶ **Sauerburg** sowie eine Burgruine. Der Hauptweg nach **Lorch** ist rechts ausgeschildert.

Nach einer Weile angenehmen Waldweges wird bei UTM 413364/5548100 ein Bächlein auf einer Rohrbrücke gekreuzt. Sofort nach der Querung zweigt von dem Fahrweg ein Fußweg nach rechts ab (halb verfallene grüne Waldarbeiterhütte rechts).

Man tritt nach geraumer Zeit aus dem Wald heraus und hat einen hübschen Blick auf **Bacharach** und die **Burg Stahleck**. Die Rheinströmung ist hier so stark, dass manche Schiffe an langer Trosse die Hilfe eines Rheinschleppers in Anspruch nehmen. Vielleicht sehen Sie gerade einen solchen Schleppzug. Von hier oben erkennt man gut die vielen Buhnen, die von der uns zu Füßen liegenden **Kauber Werth** bis zum alten Rheinzoll **Pfalzgrafenstein** in den Rhein gebaut worden sind. Es sind dicht unter der Wasseroberfläche liegende Steinwälle, die die Strömung regulieren, aber eben auch für ein sehr enges Fahrwasser sorgen.

Die **Sauerburg** bei Sauerthal wurde 1339 u.a. zum Schutz vor den Raubrittern der Burg Waldeck (ca. 1 km südlich, Ruine) gebaut. Sie war damals eine der modernsten Burganlagen, verfiel jedoch schon im 16. Jh. Man baute sie wieder auf, bis 1689 Truppen des franz. Sonnenkönigs sie sprengten. Sie gelangte später in Privatbesitz und wurde 1909 teilweise restauriert. Heute kann sie, da bewohnt, nur von außen besichtigt werden

Blick auf die Insel Bacharacher Werth mit Burg Stahleck.

An einem Wegweiserpfahl »Hasselborn, 189 m NN«, UTM 412739/5547808 könnte man rechts nach **Kaub** gehen, wenn man z.B. dort etwas vergessen hat. Der Rheinsteig nach **Lorch** führt indessen geradeaus weiter.

Etwa 200 m hinter einem recht massiv verkleideten Hochsitz zweigt ein Fußweg von dem bisherigen Fahrweg nach rechts ab. An einem Baum ist auf weißem

Grund ein schwarzes »H 7« unübersehbar aufgepinselt und auf Brettern eingeschnitzt der Hinweis »Im Bereich Serpentine für Pferde verboten«. Sollten Sie also bis hier geritten sein, müssten Sie geradeaus weiterziehen.

Im Talgrund kommen Sie an ein winziges Rinnsal. Vor einem grün gestrichenen Wetterschutzkasten an einer Sitzgruppe steht ein Stein von 1531 (Replik?) mit den Mainzer Rädern und den bayerischen Rauten, oben eingeritzt ein Winkel. Wir sind hier an einer uralten Landesgrenze, die auch heute noch gilt: Rheinland-Pfalz und Hessen treffen sich an dieser Stelle. Willkommen in der Jurisdiktion von Wiesbaden! Sicher-

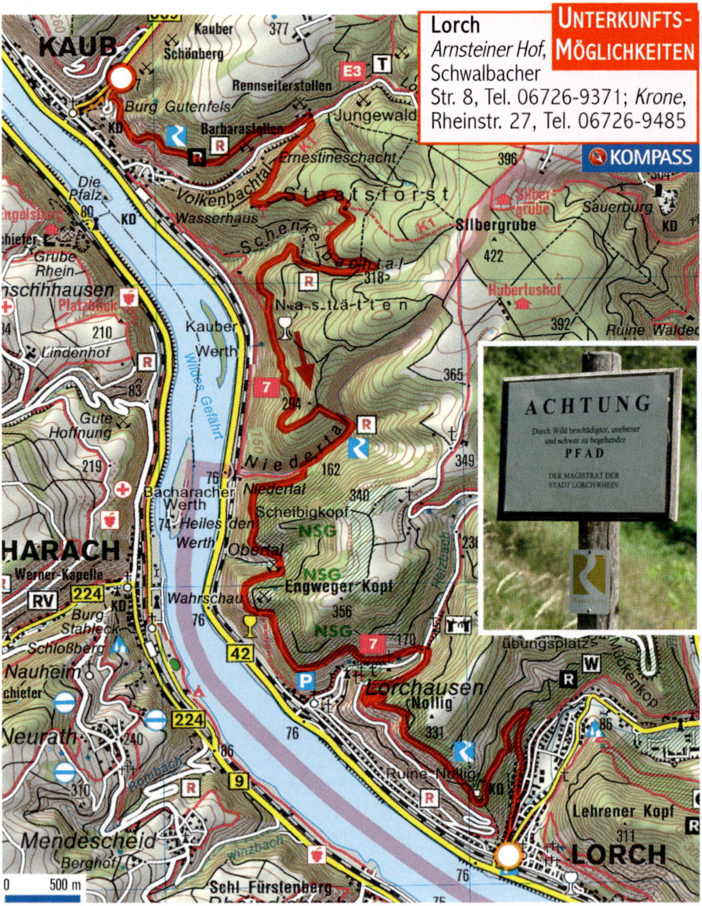

Unterkunftsmöglichkeiten

Lorch
Arnsteiner Hof, Schwalbacher Str. 8, Tel. 06726-9371; *Krone*, Rheinstr. 27, Tel. 06726-9485

Blick auf Bacharach von der Wirbeley aus.

lich war die Stelle früher von Zöllnern bewacht.

400 m hinter dem »Grenzhäuschen« steht ein Wegweiserpfahl »Niedertal, 161 m NN«, UTM 413004/5546841. Hier hält man sich schräg links Richtung **Lorch** (6 km). Wenn man sich die uralte Trockenmauer entlang des Weges mit ihren völlig verfallenen Treppenaufgängen anschaut, kann man sich vorstellen, dass hier vor Jahrhunderten reges Arbeitsleben in Weinbergen und im Bergbau gewesen sein muss.

Der nächste Hinweispfahl ist weiß-rot angestrichen und markiert ein Kuriosum, den ▶ »**Freistaat Flaschenhals**«, der für kurze Zeit nach dem Ersten Weltkrieg durch unbedachte Grenzziehung der damaligen Alliierten

Ein Kuriosum der besonderen Art ist der sog. »**FREISTAAT FLASCHENHALS**«, der trotz aller heutigen Folklore tatsächlich vom 10.1.1919 bis 25.2.1923 existierte. Um Brückenköpfe auf das rechte Rheinufer zu haben, schufen die Alliierten um Mainz und Koblenz halbkreisförmige Besatzungszonen nach Osten, die sich im Taunus bei Laufenselden berührten, jedoch am Rhein ein flaschenhalsähnliches Niemandsland hervorbrachten, das vom übrigen Staatsgebiet der sog. »Weimarer Republik« abgetrennt war. Warenverkehr war nicht möglich, Züge durften nicht halten. Nur über Schmugglerpfade konnte die Bevölkerung versorgt werden. Sogar eigenes Notgeld gab es, das heute bei Sammlern sehr gesucht ist. Der Freistaat umschloss Kaub, Lorch, Sauerthal und etliche andere Orte mit insgesamt weniger als 10.000 Einwohnern. Die Franzosen besetzten 1923 das Staatsgebilde, mussten später jedoch wieder abziehen.

Weinberg mit Clemenskapelle bei Lorch.

entstanden war (UTM 412616/ 5546495).

Gegenüber liegt **Bacharach**, und die grüne Färbung des Rheins verrät, dass der Fluss inzwischen wieder recht sauber ist. An einem Abzweig nach **Lorchhausen** steht ein Wegweiserpfahl »Gippelsberg, 199 m NN« 412577/ 5545881. Hier geht es auch zur Aussicht **Wirbeley**. Am Hang entlang sind es bis zur Ruine **Nollig** noch 3,5 km und nach Lorch 4,5 km (Übernachtungsmöglichkeiten, Bahnhof).

Oberhalb von Lorchhausen kommt am Gegenhang ein großer Weinberg in Sicht. Die Kapelle an dessen linker Ecke ist die **Clemenskapelle** (1909).

Bei UTM 413188/ 5545560 kann man an einem winzigen Marienbildstock über einen Fußpfad nach Lorchhausen absteigen. Der Rheinsteig bleibt weiterhin auf dem Fahrweg. Links und rechts des Weges sieht man viele verwilderte Weinberge. In dem Tal fängt sich »so richtig« die Südsonne und heizt den Hang auf. Was muss das früher für ein Wein gewesen sein!

Am Werbeschild eines Weinguts kommt man auf eine Straße und folgt der »H 7«-Markierung 20 Meter bergauf und anschließend rechts dem Schildchen »Clemenskapelle – Lorch«.

An einem Straßenabzweig, an dem es rechts nach Lorchhausen geht (Wegweiserpfahl »Pidell«, 211 m NN«, UTM 413373/ 5545368), wandert man die Betonstraße weiter geradeaus. Bei einer Bank vor einer Leitplanke folgt man einem handgeschnitzten Wegweiser nach links bergauf – man kann genauso gut geradeaus marschieren, ohne etwas Wesentliches zu versäumen. Am Ende der Asphaltstrecke und zu Beginn einer Bruchsteinmauer bleibt man geradeaus. Auch hier hat sich die Natur die Weinberge schnell und gründlich zurückgeholt. Gegenüber am linken Rheinufer sieht man **Schloss Fürstenberg** und weiter stromauf **Burg Hohneck**.

Bei UTM 413853/5544735 trifft man auf den von rechts kommenden Weg, den man vor einiger Zeit verlassen hatte. Man geht weiter geradeaus, biegt um die nächste Linkskurve und hat die Burgruine **Nollig** vor sich. Ein Wildschutztor unterhalb der Ruine (bitte geschlossen halten) hat UTM 414049/5544573. Die beiden hintereinander liegenden Rheininseln heißen **Große** und **Kleine Lorcher Werth**. An der nächsten Bank kann man sowohl den Fahrweg links als auch einen Fußsteig rechts hinab nach Lorch gehen. Auf dem Trampelpfad sollten Sie trittsicher sein. Sie werden jedoch mit einem sehr schönen alpinen Landschaftserlebnis belohnt. Bei Regen nicht unbedingt zu empfehlen! Wenn man sich die Winzer in alten Zeiten mit vollen Rückentragen auf diesem Weg vorstellt, dann Gute Nacht ...

Nachdem man vor einer Bank im Schatten eines breit ausladenden Baumes eine Brücke überquert hat, hält man sich links und geht unter dem Brückchen hindurch nach **Lorch** hinein. Bei Starkregen dürfte dies eher ein Wildwasserabstieg sein, den man umgehen sollte. Man kommt in den Ort und steht vor dem wuchtigen Stadtturm »Strunk« von 1567, der als Befestigung und Gefängnisturm diente. Hier endet die heutige Tagestour.

Der Bahnhof befindet sich am südlichen Ortsende. Hotels, Apotheke und sonstige Einkaufsmöglichkeiten finden sich hinter der **Wisper**-Brücke links und auch rechts.

Lorch mit Lorcher Werth.

Von Lorch nach Rüdesheim/St. Hildegard

Charakter: Genussvoll, aber lang, mit zwei größeren Steigungen und gelegentlich Felsstrecken. Viele Aussichts-Stopps!
Hinweis: Wegen der Länge dieser und der folgenden Etappe kann man daraus auch deren drei machen und von Lorch nach Assmannshausen, von Assmannshausen nach Oestrich-Winkel und von Oestrich-Winkel nach Kloster Eberbach oder Kiedrich gehen. Oder noch anders.

Der Rheinsteig folgt in Lorch hinter der Wisper-Brücke (UTM 414256/5544209) links der Marktgasse. Vorbei an dem prächtigen Rathaus hält man auf die gotische Pfarrkirche St. Martin mit ihrem riesigen Schnitzaltar zu und geht schräg links an dem Gotteshaus vorbei. Neben der Kirche geht man die Straße »Römerberg« weiter. 50 m nach einer Rechtskurve biegt man zwischen den Häusern Nr. 15 + 16 links ab.

An einem großen gemeißelten Gedenkkreuz für die Gefallenen steht ein Wegweiserpfahl »Lorch Friedhof, 114 m NN«, UTM 414521/5544245. Die Hänge rechts und links der Schotterstraße waren einmal Weinberge. Die Rheininsel ist die **Große Lorcher Werth**. Ein Stück weiter nimmt man an einer Wegegabel den rechten Geradeaus-Zweig. Man wandert jetzt auf ebenem Weg mit prächtiger Sicht auf das Rheintal durch ein weites aktives Weinbaugebiet. An einer recht weit zu sehenden »Leitplanke« aus massiven Baumstämmen steht man vor einem »Wege-Dreizack«. Nehmen Sie die mittlere Zacke, die durch ein Zauntor mit Gitterrost führt. An einem Hochsitz biegt der Rhein-

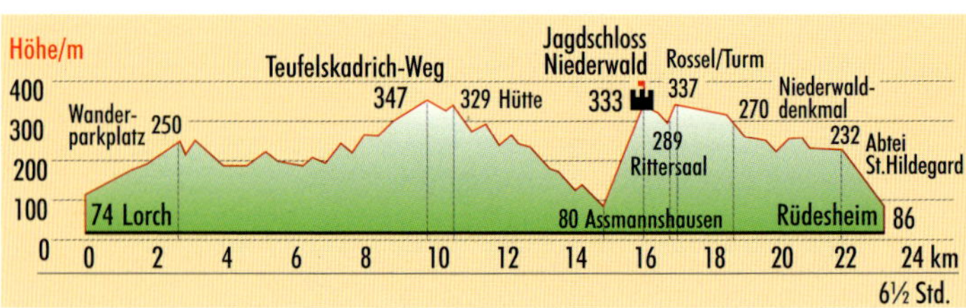

steig nach links ab und umrundet das weite Tal.

Bei einem Wanderparkplatz trifft man auf eine geschotterte Fahrstraße (UTM 416540/5543440), der man leicht bergab folgt. Halten Sie sich an der nächsten Straßeneinmündung wieder rechts.

Nach einer recht scharfen Linkskurve der Asphaltstraße kommt man an einer grünen, verbogenen Schranke vorbei. 50 m weiter, nun in einer Rechtskurve, zweigt unser Weg nach links und sofort wieder nach rechts ab. Man ist jetzt auf einem ebenen, mehrere Meter breiten ungepflasterten Fahrweg, wie ihn die Winzer in ihren Weinbergen lieben. Aber noch sind wir nicht in den Weinbergen, sondern immer noch am Waldrand.

Drüben am anderen Rheinufer steht neben einer gewaltigen

UNTERKUNFTS-MÖGLICHKEITEN

Assmannshausen
Alte Bauernschänke, Niederwaldstr. 23; Tel. 06722-49990; *Altes Haus*, Lorcher Str. 8; Tel. 06722-40350; *Eger*, Lorcher Str. 5; Tel. 06722-2766; *Germania*, Bahnhofstr. 4; Tel. 06722-91100; *Krone*, Rheinuferstr. 10; Tel. 06722-4030; *Lamm*, Rheinuferstr. 6; Tel. 06722-90450; *Post*, Rheinuferstr. 2a; Tel. 06722-2326; *Rheinstein*, Niederwaldstr. 8; Tel. 06722-94260; *Schön*, Rheinuferstr. 4; Tel. 06722-2225; *Zwei Mohren*, Rheinuferstr. 1; Tel. 06722-9020

Niederwald
Jagdschloss Niederwald; Tel. 06722-71060

Rüdesheim
Tourist-Information 06722-19433 (auch für Assmannshausen) – wegen der Fülle der Hotels hier nur eine kleine (willkürliche) Auswahl:
Altdeutsche Weinstube, Grabenstr. 4; Tel. 06722-94230; *Bären*, Schmidtstr. 31; Tel. 06722-90250; *Central*, Kirchstr. 6; Tel. 06722-9120; *Felsenkeller*, Oberstr. 39; Tel. 06722-94250; *Germania*, Rheinstr. 10; Tel. 06722-2584; *Grüner Kranz*, Oberstr. 44; Tel. 06722-48336; *Lindenwirt*, Drosselgasse; Tel. 06722-9130; *Krone*, Rheinstr. 30; Tel. 06722-3049; *Rüdesheimer Hof*, Geisenheimer Str. 1; Tel. 06722-91190

Eibingen
Gasthof Krancher, Oberstr. 4; Tel. 06722-2762

Wunde (Quarzit-Steinbruch), die man dem Berg geschlagen hat, rechts die Burg **Sooneck**. Wenn das die alten Rittersleut' gewusst hätten, was der Mensch des 20. Jh. ihrer Umgebung antut ...! Der Ort in der südlichen Rheinbiegung ist **Trechtingshausen**.

Wenn der Steinbruch außer Sicht ist und man oberhalb eines noch intakten Weinbergs läuft, kommt man bald an ein Tor mit der Aufschrift »Steinbruch/Betreten verboten«. Hier biegt man nach rechts ab und 50 m weiter an einem Tor mit Gitterrost abermals nach rechts. Ein Stück tiefer gelangt man auf eine geschotterte Fahrstraße, der man nach links folgt. Nach einer Weile (UTM 416927/5541732) gibt es eine Kehre des Fahrweges nach rechts. Wir gehen jedoch geradeaus nach Südsüdost (150°) weiter. Man kommt an einen Platz »Georgs Ruh«, von dem aus man in der Ferne schon **Assmannshausen** sowie auf der linken Rheinseite die Burgen **Reichenstein** und südlich davon **Rheinstein** liegen sieht.

Abermals ein Stück weiter, 100 m hinter einem in den Weg eingelassenen Gitter, kommt aus einem Tal herauf ein Fahrweg, dem man links bergauf folgt. In der Gabel steht ein Wegweiserpfahl »Platt, 169 m NN«, UTM 417643/5541335.

Im lichten Laubwald kommt bei UTM 418183/5541478 eine Wegegabel. Gehen Sie rechts. Nach einer Weile erreichen Sie in einer lang gezogenen Rechtskurve einen verwunschenen Weiher. Hier wurde einstmals (und eigentlich ja auch noch heute) der Bodentalbach gestaut. Einen gelegentlich rechts abzweigenden Trampelpfad lässt man unbeachtet und folgt dem breiten Waldweg bergan. Ist ja klar: Was man drüben auf der anderen Talseite an Höhe ver-

Lorch, am Gegenhang im Hintergrund Schloss Fürstenberg.

In den Steilhängen des **Teufelskadrich** liegen zehntausende von großen Felsbrocken aus der Eiszeit eindrucksvoll und ziemlich lose herum. Die Flächen sind außerhalb von Wegen nur schwer zu kreuzen und gefährden möglicherweise im unteren Bereich des Berges sogar die Eisenbahnlinie. Das sorgt für Zündstoff zwischen Bahn und Naturschützern.
Nach einer Sage wies ein Burgherr, den ein altes Männlein um Quartier gebeten hatte, den Zwerg ab. Der verschleppte aus Rache die Tochter des Adligen auf den Teufelskadrich, wo er sie gefangen hielt. Ein junger Ritter befreite sie, der Teufel ward nie mehr auf dem Berg gesehen und das junge Paar lebte mit vielen Kindern glücklich und zufrieden bis an das Ende ihrer Tage. Wenn man sich die Geröllhalden an verschiedenen Hängen anschaut, versteht man, warum es im Laufe der Jahrhunderte sicher schon viele tödliche Unfälle gegeben hat. Ein Stück unseres Weges führt gesichert und beinahe alpin durch einen der Hänge. Trittsicherheit ist vonnöten, und Bergangst darf man nicht haben. Aber urig ist's!

nichtet hat, muss man hier wieder gewinnen. Das ist eben so auf dem Rheinsteig.

Beim Verlassen des lichten Waldes kommt man in ca. 300 m NN um eine scharfe Linkskurve. Man biegt ca. 20 m vor einer Stromleitung nach rechts ab (UTM 418271/5541041). Das Rheinsteigschild ist ein bisschen arg versteckt links in den Büschen an einer Eiche angebracht. Gehen Sie in Richtung des Teufelskadrich-Sendeturms, der weiter oben über die Hangkante lugt. Sie kommen bald in den berühmten, sagenumwobenen ▶ **Teufelskadrich**, einen steil zum Rhein abfallenden Berg mit eiszeitlichem Felsgeröll, in dem außer dem Bannwald wenig wächst. Der Neigungswinkel der Hänge dürfte gut 40° betragen. Danach folgen die Steilhänge des **Bacharacher Kopfes** und des **Eckersteinkopfes**.

Man passiert nacheinander zwei Hütten und einen aufgelassenen Steinbruch und kommt an eine Wegegabel, bei der der Hauptfahrweg (unser Weg!) rechts abzweigt. Geradeaus gelangt man, dem »Panoramaweg« folgend, auf den Teufelskadrich hinauf – zum Funkmast, zum Forsthaus Kam-

Teufelskadrich.

Im Bannwald bei Assmannshausen.

Der Pfad wird immer anspruchsvoller, führt in Felspartien hinein und erfordert stellenweise höchste Aufmerksamkeit. Der Rheinsteig ist zwar mit Geländern gesichert, aber trotzdem ...

Plötzlich ist man auf einer Wendeplatte der Winzer, hat **Assmannshausen** und den Rhein und drüben die **Burg Rheinstein** vor sich. Sie liegt auf einer steilen Felsnase wie ein Schloss aus dem Märchen.

Man befindet sich jetzt auf breitem Fahrweg in den Weinbergen privater Winzer und des Staatsweinguts. Die Rebstöcke sind wie die Soldaten in alten Schlachtordnungen oder bei der Parade ausgerichtet.

Sobald Sie an einen Betonweg gelangen, folgen Sie diesem nach links oben. Hier findet sich auch ein Schild ▶ »**Freiligrathweg**«.

Wenn Sie eine gepflasterte Wasserrinne überquert haben, verlassen Sie die Betonpiste auf breitem Fahrweg nach rechts unten. Auch Herr Freiligrath verlässt uns bereits wieder, wird uns jedoch später abermals begegnen. Erst jetzt kann man ermessen, wie groß die Anbauflächen der berühmten Assmannshäuser Weine sind. Sie

merforst, zur Eisernen Hand und auch zu den Segelfliegern.

100 m hinter einer größeren freien Fläche und 100 m vor einem waldumrandeten Feld steht ein Wegweiserpfahl »Eisenkaut, 289 m NN«, UTM 418977/5539657. Hier geht es nach **Assmannshausen** (3 km) rechts in den Wald. Nach all den vielen Fahrwegen laufen wir jetzt ziemlich naturbelassen im Bannwald durch Geröllfelder bergab.

Ferdinand Freiligrath, 1810–1876, radikalpolitischer Dichter der 1848-iger Revolution. Der unruhige Geist lebte zeitweise im Rheinland und verkehrte mit Marx, Engels, Liszt, Gottfried Keller u.a.

Neugotische Burg Rheinstein.

reichen von Bergeshöhe bis hinunter an den Rhein.

Die kleine Insel rheinabwärts heißt **Klemensgrund**. An ihrer linken (westlichen) Seite verläuft die Landesgrenze zwischen Hessen und Rheinland-Pfalz. Die Leute hier am Rheinsteig »babbeln« eindeutig hessisch, während drüben am anderen Ufer pfälzisch, weiter im Norden rheinländisch gesprochen wird. In langen Serpentinenschlägen geht es jetzt bergab nach **Assmannshausen**. Sobald man um eine Ecke biegt und den Kirchturm und die Talstation der Sesselbahn zu sehen bekommt, muss man 150 m weiter auf eine gekennzeichnete Treppe nach rechts unten achten und geht zur Pfarrkirche Zum Heiligen Kreuz (frühes 14. Jh., älteste Glocke von 1383).

In Assmannshausen kann man gut übernachten oder, wenn man sich noch frisch genug für den längeren Anstieg zum ▶ **Jagdschloss Niederwald** fühlt, dorthin oder nach **Rüdesheim** mit seinen vielen Hotels gehen. An der Assmannshausener Kirche steht ein Wegweiserpfahl mit UTM 418812/5537942. Hier biegt man scharf links in die Niederwaldstraße ab. Die Treppe zur Seilbahn lässt uns kalt: Wir steigen die steile Straße hinauf, es sei denn, wir müssten schnell nach Rüdesheim. Dann ist der Lift angesagt. Von der Kirche zur Bergstation der Sesselbahn sind es zu Fuß 1,8 km und 260 Höhenmeter.

Obwohl die querende Straße »Bohrenweg« ein Schild »Weg zum Niederwalddenkmal« trägt, verläuft der Rheinsteig geradeaus weiter. An einem Wegweiser »Ausbildungszentrum« (nämlich das für Stuckateure) biegt man rechts ab in die Waldstraße. Hier ist man auch wieder auf dem Freiligrathweg. 200 m weiter ver-

Jagdschloss und Landschaftspark Niederwald

1764 baute Karl Maximilian Graf von Ostein, ein Neffe des Mainzer Erzbischofs, das Jagdschloss (heute Hotel) Niederwald und legte in den folgenden Jahren einen frühen »Freizeitpark« an. 1774 ließ er zur Erbauung seiner Gäste Holznachbauten verschiedener Bauwerke errichten, denen ab 1787 Steinbauten folgten, u.a. die »Zauberhöhle« und der Rosselturm, Nachbau eines Burgturms, beide noch vorhanden. In der von Pflanzen überwucherten und damals von außen nicht ohne weiteres erkennbaren Zauberhöhle führte der Graf seine Gäste durch einen 60 m langen gewundenen Gang, in dem ein steinerner Zauberer saß. Der gemauerte Gang endete in einem dunklen Raum. Dort öffnete der Graf Fensterläden, und die geblendeten Gäste erblickten die Burgen Rheinstein, Reichenstein und andere Punkte in gleißendem Sonnenlicht. Die Wirkung muss phänomenal gewesen sein. Heute ist der Blick durch Bäume versperrt.

lässt man die links abknickende Waldstraße, geht geradeaus entlang einer steinernen Regenrinne weiter und über eine Roste schräg links in den Wald hinein. 30 m vor einer Hütte mit hübschem Blick auf die Burg Rheinstein steigt unser Weg links bergan.

Weiter oben bleibt man an einer Bank (mit Papierkorb) auf dem Fahrweg nach rechts. An der Bergstation geht man links auf das Jagdschloss zu (Übernachtungsmöglichkeit). Dort steht ein Wegweiserpfosten mit UTM 419941/5737645. Hier biegt man nach rechts ab, verlässt die Fahrstraße einige Meter nach dem Schloss und geht geradeaus Richtung Wald. Nach 100 m folgt man schräg rechts einem Schild »Wildpark«. An der nächsten Wegegabel hält man sich links (Schild »Denkmal über Zauberhöhle«). Wenige Minuten später kommen Sie an die historische »Zauberhöhle« des Grafen v. Ostein. In der gemauerten Höhle gibt es

Seilbahn Assmannshausen zum Jagdschloss Niederwald.

kein Licht, so dass man eine Taschenlampe benötigt. Der Rheinsteig führt hinter dem Rundbau schräg rechts weiter.

Über eine Reihe von alten Treppenstufen kommt man zu einer gemauerten Bastion (UTM 419370/-5537050) mit herrlichem Blick auf den Rhein von **Bingerbrück** am linken Rheinufer bis **Trechtingshausen**.

Von der Bastion aus geht man nicht mehr zurück zur Zauberhöhle, sondern nach einigen Metern schräg rechts und am nächsten Querweg abermals rechts. Wenig später ist man an einem gemauerten Turm mit dem Wegweiserpfahl »Rossel, 324 m NN«; UTM 419552/5536948. Den hat der Graf als Turm einer Rheinburg nachbauen lassen.

Man hat einen prächtigen Blick auf den ▶ **Binger Mäuseturm** drunten im Rhein, **Bingerbrück** (der rechte Ort) und **Bingen** (links). Der Nebenfluss ist die **Nahe**. Am östlichen Stadtrand von Bingen sieht man auf dem **Rochusberg** die **Rochuskapelle**. Der Rundblick reicht vom Odenwald über den Pfälzer Wald, den Donnersberg bis zum Hunsrück und in das Rhein-Nahe-Gebiet. Uns zu Füßen liegt die Ruine der ▶ **Burg Ehrenfels**.

Nach der **Rossel** kommt man nach einer ganzen Weile an den Ort der **Eremitage**, die verschwunden und durch einen Holzunterstand ersetzt ist. Sie bestand früher aus einer Kapelle und einem Wohnraum mit kleiner Küche, alles, wohlgemerkt, als An-

Der Mäuseturm zu Bingen und die Ruine Ehrenfels

Der erste Binger Mäuseturm wurde als Wehr- und Wachturm Anf. 14. Jh. erbaut und im Pfälzischen Erbfolgekrieg 1689 zerstört. Er gehörte zur Burg Ehrenfels und sicherte den Rheinzoll ähnlich der Burg Pfalzgrafenstein bei Kaub. 1858 erfolgte ein neogotischer Neubau als preußische Grenzmarkierung, der bis 1974 der Rheinschifffahrt als Signalturm diente. Mit dem Namen Mäuseturm verbindet sich die schaurige Legende eines hartherzigen Bischofs, der von einer riesigen Schar Mäuse aufgefressen wurde, als er in den Turm flüchtete. Wahrscheinlich leitet sich der Name jedoch von mittelhochdeutsch »musen« = spähen ab. Die **Burg Ehrenfels** wurde Anfang des 13. Jh. als Zollburg gebaut und ebenfalls 1689 von den Franzosen so schwer beschädigt, dass sie danach verfiel.

Rast am »Rittersaal« (Aussichtskanzel im Niederwaldpark.

Abtei St. Hildegard.

vorbeikommen, sind die Volieren der **Adlerwarte Niederwald**. Unmittelbar danach stehen Sie vor dem Niederwalddenkmal. Abgesehen von dem martialischen Anblick des Monuments hat man eine weite Sicht ins Land.

Am Niederwalddenkmal endet vorschlagsweise die heutige Etappe. Entweder fährt man mit dem Lift nach unten oder geht hinter dem Denkmal ein kleines Stück in Richtung eines großen Parkplatzes und schräg rechts vor einem Café zu einer Säulenhalle. Dort ist der Abstieg gelb ausgeschildert. Man kann auch geradeaus bei UTM 421304/5537241 auf dem Rheinsteig noch bis zur ▶ **Abtei St. Hildegard** marschieren oder auf dem Weg dorthin abbrechen – ganz nach Tagesschluss-Befinden. Sie unterqueren die Seilbahn und schon haben Sie den Menschentrubel des Niederwalddenkmals hinter sich gelassen. 200 m weiter biegen Sie an einer Wegekreuzung schräg rechts ab.

Achtung! Sobald Sie aus dem Wald heraustreten und an weite Weinfelder gelangen, sollten Sie scharf rechts abwinkeln. Der Rheinsteig führt vorbei an einem

schauungsobjekt zur Erbauung der gräflichen Gäste.

Hier und da zweigen Wege rechts und links ab; der Rheinsteig verläuft auf dem breiten Hauptweg geradeaus zum ▶ **Niederwalddenkmal**. Die Schuppen, an denen wir kurz vor dem Denkmal

Die Abtei St. Hildegard

Die Benediktinerinnen-Abtei ist nicht, wie man meinen könnte, uralt, sondern erst 1900-1904 erbaut worden. Man darf sich durch den schönen Bau mit seinen neoromanischen Fensteröffnungen nicht täuschen lassen. Hildegard von Bingen, die hochgebildete, große Äbtissin des Mittelalters, war zwar auch in dieser Gegend, lebte jedoch an anderer Stelle.

Niederwalddenkmal.

Anwesen, man kommt vor die Seilbahn und biegt links oberhalb der Weinfelder ab.

Die Inseln im Rhein sind das Naturschutzgebiet **Rüdesheimer Aue** und die **Ilmenaue**. Noch ein paar Meter weiter und man erblickt bis zum Osthorizont Rhein, Rhein und nochmals Rhein. Die Berge, die uns bis zur Nahemündung begleitet haben, sind verschwunden. Ganz in der Ferne kommt zum ersten Mal **Mainz** in unsere Optik. Links davon versteckt sich unser Ziel **Wiesbaden**.

Der Wingertweg stößt auf eine kleine Asphaltstraße, der man nach links folgt. An einem gelben Gebäude kreuzt man eine Landstraße – rechts geht's nach **Rüdesheim** – und hält sich rechts auf dem Parallelweg zur Landstraße (UTM 422163/5537860). 250 Meter weiter biegt man von der asphaltierten Strecke ab in einen Schotterweg (UTM 422356/5537764).

Die Türme der Abtei St. Hildegard sind nun schon recht nahe.

Am Eckturm der Klostermauer steht ein Wegweiserpfahl »St. Hildegard, 232 m NN«; UTM 423100/5538262. Hier führt unser Weg nach rechts unten und am Ende der Klostermauer auf eine Teerstraße, der man nach rechts und 50 m weiter einem Winzerweg nach links folgt.

Will man jedoch in Rüdesheim übernachten, geht man die geteerte Straße weiter geradeaus. Nächstgelegene »Schlafe« ist in Eibingen.

Das Niederwalddenkmal

Das sog. Deutsche Nationaldenkmal wurde nach dem deutsch-französischen Krieg 1870/71 aus Anlass der Reichsgründung gebaut. Es ist ca. 38 m hoch. Die Germania-Statue hat eine Höhe von 10,5 m. Die Reliefs zeigen Kaiser Wilhelm I. und viel Militär im schwülstigen Stil des ausgehenden 19. Jh.

Von Rüdesheim zum Kloster Eberbach

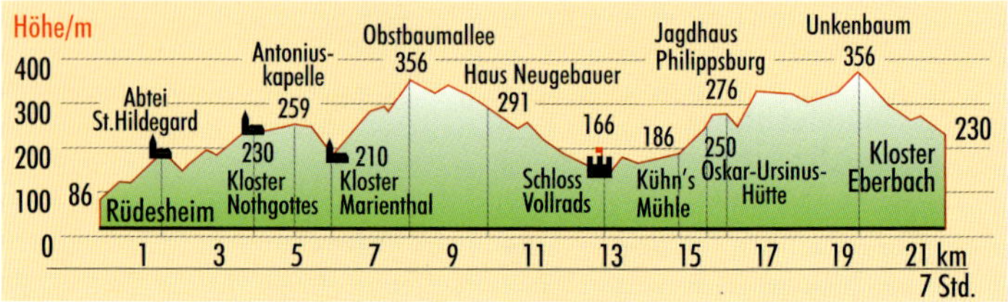

Charakter: Wegen der Länge etwas schwerer, jedoch keine großartigen Steigungen. Angenehm zu wandern.

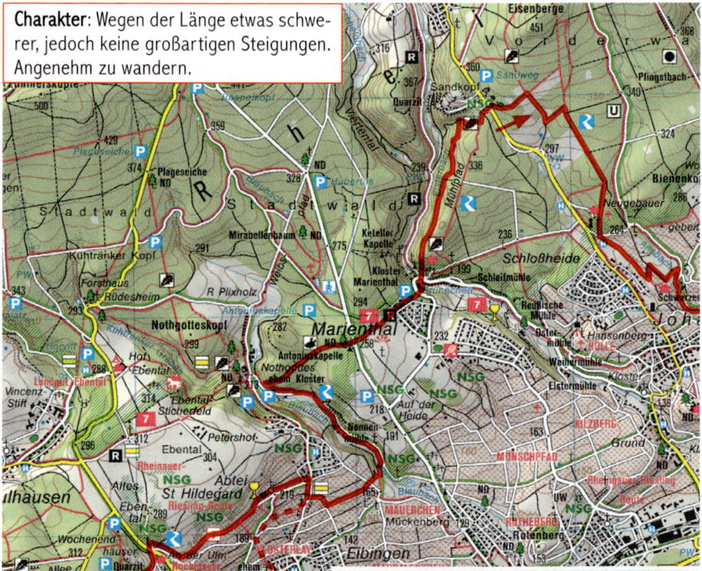

Wallfahrtskirche in Eibingen: Der Schrein der Hl. Hildegard.

Sicherlich beginnen Sie den Tag irgendwo im Bereich der Rüdesheimer Oberstraße, egal, ob Sie gestern vom Niederwalddenkmal oder der Abtei St. Hildegard gekommen sind. Sie folgen ab dem Hotel Höhn den Kfz.-Wegweisern »Niederwald« und »Aulhausen«. 100 m hinter dem Ortsausgangsschild biegt man rechts ab und hält genau auf die Türme der Abtei zu. Abermals 100 m weiter kann man einen kleinen Abstecher zur **Wallfahrtskirche Eibingen** machen (UTM 422861/5537524). Sie ist die neuzeitliche **Grabeskirche der Heiligen Hildegard** (gest. 1179). Die alte Kirche war abgebrannt und wurde 1934 wieder aufgebaut. Die Reliquien im Schrein von 1929 wurden 1857 von Pfarrer Ludwig Schneider als echt erkannt. Das **Hilde-**

UNTERKUNFTS-MÖGLICHKEITEN

Marienthal
Waldhotel Gietz, Tel. 06722-99600
Johannisberg
Hotel Burg Schwarzenstein, Rosengasse 22, Tel. 06722-99500; *Hotel Haus Neugebauer* (direkt am Rheinsteig), Tel. 06722-96050; *Kloster Johannisberg*, Badpfad 1, Tel.06722-49791; *Winzerhaus*, Rosengasse 25, Tel. 06722-6782
Oestrich
Kühns Mühle, Gottesthal 116 (direkt am Rheinsteig); Tel.06723-4244; *Schwan*, Rheinallee 5; Tel. 06723-8090; *Weingut Dornbach*, Feldstr. 1; Tel. 06723-3602
Winkel
Gästehaus Strieth, Hauptstr. 128; Tel. 06723-99580; *Nägler am Rhein*, Hauptstr. 1; Tel. 06723-99020; *Rheingauer Hof*, Hauptstr. 21; Tel. 06723-3670; *Schorsch Egers Weinstadl*, Hauptstr. 74; Tel. 06723-1333; *Weinhaus Schönleber*, Hauptstr. 1b; Tel. 06723-91760
Hallgarten
Rebhang, Rebhangstr. 53; Tel. 06723-2166, *Sonne*, Adam-von-Itzstein-Str. 44; Tel. 06723-3457
Kloster Eberbach
Tel 06723- 993109 oder 993200

Zehnthof in Eibingen.

gabel unterhalb einer Leitung bleibt man rechts auf der Fahrbahn, überquert den im Gebüsch nicht zu sehenden Blaubach und geht nach 30 m am nächsten T-Stück links den breiten Forstweg (nicht den Trampelpfad nach oben).

In der herrlichen Natur des Blaubachtals erkennen Sie, warum die Eltern des Rheinsteigs den Weg hier und nicht auf die kürzere Direktroute zum **Kloster Nothgottes** gelegt haben. Der kleine Umweg lohnt sich. Auch ein Bildstock ist dabei. Das Gelände heißt »Nonnenmulde«.

Man kommt schließlich an kleine Stauteiche, die wohl zum

gardiskloster, das hier einmal stand, wurde 1802 aufgehoben.

Sie müssen nicht wieder zurück, sondern sie können nach rechts durch **Eibingen** mit seinem malerischen »Zehnthof« (1506) gehen. Am Gasthof Krancher (Übernachtungsmöglichkeit) hält man sich links. 300 m hinter dem Ortsausgang biegt man an einer Bank von der Fahrstraße nach rechts ab (UTM 423509/5538122), es sei denn, man will zur **Abtei St. Hildegard** hinauf, die man in voller Pracht 300 m weiter am Hang liegen sieht.

Nach einer Weile kommen Sie an ein Schützenhaus, biegen dahinter rechts ab und wenden sich nach 100 m auf der Teerstraße scharf nach links (Wegweiserpfahl »Leideck 168m NN«; UTM 424224/5538466). An der nächsten Wege-

ehem. Kloster Nothgottes gehört haben mögen. Am Wochenende stehen die Angler schweigend um die Gewässer. An einem Wegweiserpfahl »Nothgottes, 214 m NN«; UTM 423134/5539401 zweigt der Rheinsteig scharf rechts Richtung **Marienthal** ab. Geht man stattdessen geradeaus 100 m weiter, gelangt man zu dem ehemaligen Kloster mit seiner Wallfahrtskirche, das die Ritter Brömser im 14. Jh. erbauten. Die Gebäude stammen von 1622 und beherbergen heute ein kirchliches Schulungszentrum. *Keine Einkehr*.

Zurück zum Wegweiserpfahl: Nach einer ganzen Weile kommen Sie an eine Schranke und dahinter an die 1744 erbaute **Antoniuskapelle**. Hinter dem Parkplatz (Wegweiserpfahl »Antoniuskapelle, 259 m NN«; UTM 424005/

Kloster Marienthal.

5539746) kreuzt man die Kreisstraße K 630 schräg links abermals auf eine Schranke zu und kommt an die ersten Felder und Häuser von **Marienthal**. Man geht geradeaus über einen Spielplatz. Die modernen Bauten rechts und links sind Energiesparhäuser. Der Weg führt neben der Fahrbahn geradeaus weiter, kreuzt eine Straße, verlässt den Ort östlich an den letzten Häusern vorbei schräg links entlang eines grünen Maschendrahtzaunes und dann im Wald auf einem Trampelpfad bergab. Man erreicht bei UTM 424585/5540242 eine Fahrstraße, der man links auf die Kirche des ▶ **Klosters Marienthal** zu folgt. In dem Kloster wohnen Franziskanerbrüder.

Der Rheinsteig führt vor der Kirche rechts, dann entgegen dem Uhrzeigersinn links um das Gotteshaus herum. 50 m hinter der Kirche, an der Station XIV eines Kreuzweges, biegt man in einer Kehre scharf rechts ab und steigt bergauf. 100 m weiter geht es links auf einen Trampelpfad und immer weiter den Serpentinen folgend bergauf. Wollte ein Prior einen Mitbruder strafen, jagte er ihn sicherlich den Berg hinauf. Der Rheinsteigwanderer macht das heute freiwillig. Auf halber Höhe stoßen Sie auf einen Schotterweg, dem Sie nach links folgen.– Das war anstrengend!

In 320 m NN zweigt bei UTM 424940/5541646 links im spitzen Winkel ein schmalerer Fußweg von dem bisherigen Fahrweg ab. Man geht jetzt völlig eben auf weichem Nadelboden. Bei UTM 425188/5541761 stößt man auf des Berges Höh' auf einen Waldfahrweg, dem man nach links zur Landesstraße L 3272 folgt. Man hat jetzt wieder die »stolze« Höhe von etwa 350 m erreicht. 100 m As-

Das **KLOSTER MARIENTHAL** ist seit 1309 einer der ältesten Wallfahrtsorte Deutschlands. Die erste Kirche entstand 1330, die heutige Kirche 1858. Das Kloster besaß seit 1468 die erste Klosterdruckerei der Welt (Zur Erinnerung: Gutenberg druckte die erste 42-zeilige Bibel erst zwei Jahrzehnte zuvor, Columbus segelte 24 Jahre später 1492 nach Haiti). Der erste nachgewiesene Indulgenz(Ablass-)brief aus Marienthal stammt von 1468. Um 1550 endeten die Wallfahrten und wurden erst Mitte des 19. Jh. wieder aufgenommen.

Schloss Vollrads.

einen gut getarnten Hochsitz zu. Der ist, aus Sicht der Hasen, Rehe und Wildschweine, wirklich hinterlistig in den Bäumen versteckt.

200 m nachdem man wieder in den Wald eingetreten ist, kommt man an einen querenden Weg, an dem ein Baumriese vor Jahren abbrach und nun tot in den anderen Bäumen hängt. Hier biegt man dann rechts ab (UTM 425975/5541904).

Bei UTM 426324/5541216 zweigt ein Fahrweg rechts ab. Der Rheinsteig bleibt geradeaus und 100 m weiter an einer verhältnismäßig unscheinbaren Wegegabel schräg rechts.

Achten Sie einmal auf den Weg unmittelbar vor Ihren Füßen: Irgendwann wuseln auf einmal tausende von Ameisen um Sie herum und beginnen sofort mit einem Angriff auf Ihre Schuhe, wenn Sie stehen bleiben. Man muss nicht lange suchen, um den riesigen Ameisenhaufen rund um einen Baumstumpf zu entdecken. Solche Wunderwerke der Natur stehen übrigens unter Schutz; bitte nicht darin herumstochern!

Bald darauf kommen Sie an eine große Waldgaststätte/Hotel »Haus Neugebauer«, in der Sie

phalt nach rechts, dann wird die Landstraße gekreuzt. Jenseits geht man an einem gelben Schild »Privatweg, gesperrt für Kraftfahrzeugverkehr« geradeaus weiter. Am Ende einer größeren Waldwiese und vor einer Obstbaumallee winkelt der Rheinsteig in einer Linkskurve des Fahrweges rechts ab. Von hier aus hat man wieder einen weiten Blick in das Nahetal und in die Berge jenseits des Rheins. Dies war mit 360 m NN der höchste Punkt der heutigen Tagesreise. Fortan wird der Weg bequem, sehr bequem!

Gemütlich durch Waldwiesen biegt man 50 m vor einer allein stehenden Eiche nach links auf

Schloss Vollrads und die Familie von Greiffenclau

Die Greiffenclaus sind die älteste weinanbauende Familie Europas. Sie lässt sich bis 1097 zurückverfolgen und stellte Ministerialen (hohe Würdenträger) der damaligen Kaiser. Ihr entstammten Fürstbischöfe und Kurfürsten, und sie baute das älteste noch existierende Stein-Wohnhaus Deutschlands, das »Graue Haus« in Oestrich-Winkel. Wissenschaftler gehen nach dendrologischen (baumkundlichen) Untersuchungen von Balken davon aus, dass es um 1075 errichtet worden sein muss. Der wuchtige, quadratische, von Wasser umgebene Wohnturm von Schloss Vollrads wurde um 1330 gebaut. 1684 errichtete man die Gebäude um den Turm herum, die 1907 noch einmal erweitert wurden. Weite Weinberge, die Wiege der heutigen Kabinettsweine, gehörten der Familie bis 1998, ehe sie durch ein Konkursverfahren in den Besitz einer Sparkasse übergingen. Der Schlossherr nahm sich 1997 im Gefolge der finanziellen Probleme das Leben.

sich zu akzeptablen Preisen versorgen oder übernachten können.

(Das Haus wurde 1912 als Landschulheim gebaut und diente im 1.WK als Lazarett. Nach wechselnder Nutzung wird es seit 1969 als Hotel geführt.)

Wenn man aus dem Wald heraustritt und die ersten Häuser von **Johannisberg** sieht, geht man schräg links in die Felder, also nicht in den Ort (außer man will Bauwerke besichtigen oder schlafen). Sobald man an eine 50 m rechts neben dem Weg beginnende Stromleitung kommt, biegt man an einem Wegweiserpfahl »Ansbach, 222 m NN«; UTM 426710/5540305 scharf nach links auf Gegenkurs ab. Wenig später hält man sich an zwei Eichen nach rechts. Drüben am anderen Rheinufer taucht **Ingelheim** auf; der Ort auf der rechten Rheinseite ist **Oestrich-Winkel**. Vor dem Weinberg biegt man links ab. Sobald Sie auf eine Teerstraße kommen, folgen Sie dieser nach rechts und 30 m weiter nach links. In einer Linkskurve zweigt der Rheinsteig nach rechts auf einen Trampelpfad ab. Man stößt etwas weiter unten auf eine dreipolige Stromleitung. Noch 100 m weiter unterquert man sie und biegt rechts ab (UTM 427257/5540117).

Am unteren Ende einer Weinbergmauer steht ein Wegweiserpfahl »Dachsberg, 180 m NN«; UTM 427506/5540010. Hier biegt man links zum ▶ **Schloss Vollrads** ab. An einem Wegestern bei UTM 427627/5540184 hält man sich schräg rechts. Der Turm von Schloss Vollrads späht über die Felder. Man gelangt auf ein asphaltiertes Wegekreuz, geht geradeaus weiter, kommt nach einer kleinen Weile an das gelbe Schloss und geht die Fahrstraße nach rechts. An der Südostseite des Adelssitzes ein Wegweiserpfahl »Vollrads, 159 m NN«; UTM 428093/5540493. Hier hält man sich geradeaus an den Parkplätzen vorbei. Es lohnt sich jedoch, einen Blick in die Schlossanlage zu werfen (Verpflegungsmöglichkeit).

Nach Schloss und Parkplatz biegt man vor dem nächsten Weinberg rechts ab. Man gelangt an eine Teerstraße und folgt dieser nach links. In einer Linkskurve, 100 m weiter, biegt man

Weinreben beim Schloss Vollrads.

auf den nächsten Feldweg nach rechts ab. Bei einem Wegweiserpfahl vor einer Weinbergmauer »Friesenthal, 145m NN«; UTM 428452/5540704 hat man zu entscheiden, ob man zum Übernachten nach **Winkel** (rechts) oder den Hauptweg links Richtung **Kloster Eberbach** geht.

Am Mast Nr. 4707 einer Stromleitung mit einer Bank biegt man links und 30 m weiter nach rechts ab. Auf der Höhe kommt man an einen Wegweiserpfahl »Honigberg, 177 m NN«; UTM 428565/5540941. Man kreuzt die Asphaltstraße und sieht in der Ferne genau vor sich den weißen Kirchturm von **Hallgarten**.

An der nächsten Asphaltstraße – abermals unter einer dreipoligen Stromleitung – biegt man links ab und folgt der Leitung 30 m weiter schräg nach rechts auf ein weißes Gebäude zu: **Kühn's Mühle** (Gastwirtschaft, Übernachtungsmöglichkeit). Man kreuzt den Pfingstbach bei UTM 428699/5541437, folgt dem Bach links und umrundet das Anwesen. Hinter einem kleinen Kruzifix hält man sich links entlang einer überwucherten Mauer. Nun kommen Sie an einen Wegweiserpfahl »Mühlberg, 191 m NN«; UTM 428864/5541507. Hier können Sie rechts nach **Oestrich** oder links nach **Kloster Eberbach** laufen. 150 m danach biegen Sie am Ende eines Teerweges rechts ab. Nach weiteren 300 m kreuzt man an einem Kruzifix einen Betonweg und geht schräg rechts eine Schotterstraße weiter. An einer verfallenen Steinhütte lässt man den rechts abzweigenden Weg liegen und folgt dem Hauptweg weiter geradeaus.

Vor einer recht neuen Schutzhütte biegen Sie nun, vorbei an einem Schild »Bitte Vorsicht bei Modellflugbetrieb«, nach links ab. Oben sieht man einen Windsack

Oskar Ursinus war der Vater und Organisator der legendären Rhönwettbewerbe der Segelflieger nach dem Ersten Weltkrieg auf der Wasserkuppe, als die Alliierten den Deutschen Motorflugzeuge verboten und nicht daran gedacht hatten, dass man auch ohne Motor, eben mit Segelflugzeugen, fliegen kann.

und passiert die Oskar-Ursinus-Hütte der Modellflieger.

Man geht weiter geradeaus auf den Waldrand zu. Dort wird ein Asphaltweg gekreuzt. Man bleibt am Waldrand. In der Ferne sieht man **Mainz**, nun schon ein gutes Stück näher. An einer Stelle, an der der Feldweg links in den Wald einzubiegen scheint (UTM 429116/5542411), bleibt man weiter am Waldrand. Bei einem aufgeständerten **Jagdhaus** »Philippsburg 280 m NN«; UTM 429256/5542510 (gebaut Anf. 20.Jh.) biegt man rechts ab. Zum ▶ **Kloster Eberbach** sind es noch gut 5 km zu laufen. 150 m bergab biegt man, noch ehe man in die Felder gelangt, links in den Wald. Vorbei an einem verwunschenen grünen Gartenhaus führt der Rheinsteig geradeaus weiter.

An einer Schutzhütte beginnt wieder eine Teerstraße. Hier geht man links den Berg hinauf. Im Wald steigt man auf halber Höhe an einem kleinen S-Schlag weiter links bergan (nicht geradeaus horizontal weitergehen!).

Vor dem großen Feld, das Sie bei Verlassen des Waldes vor sich sehen, müssen Sie sich, wenn Sie heute schon viele Kilometer in den Beinen haben, nicht ängstigen: Der Rheinsteig zweigt gleich bei UTM 429571/5542917 rechts ab, und Sie müssen nicht »bis ganz hinten« zum Feldende. Nur bitte gehen Sie hier nicht bei Nacht, denn mehrere Hochsitze zeigen, dass es hier viel Wild und schießende Jäger gibt. Bruno, der Bär in Bayern, wusste das auch nicht. Jenseits der Felder überquert man einen geteerten Weg und geht wieder in den Wald hinein.

Eine Forststraße kommt von rechts, und 100 m weiter steht ein Wegweiserpfahl »Goldgrube, 314 m NN«; UTM 430095/5543267. Hier folgt man der Straße links aufwärts. Hinter zwei alten Eichen lässt man ein eingezäuntes technisches Gebäude links liegen und wandert auf breitem Asphaltweg den Berg hinab. Sehr schön: Plötzlich hat man einen weiten Blick hinüber nach **Mainz**.

Ziegenbock bei Kühn's Mühle.

Kloster Eberbach.

Wenig später kommen Sie an ein paar Gartenhäuschen und eine dreipolige Stromleitung. Hier biegen Sie nach links und 50 m weiter nach rechts ab. Mehr oder weniger Zick-Zack, jedenfalls an einem dunklen Kiesweg halten Sie links auf die Häuser zu. Sie kommen an eine »richtige« Straße mit einem Bürgersteig aus Ziegelsteinen und gehen rechts. An einem 30-km/h-Schild geht man den **Unkenbaumweg** geradeaus weiter.

Wenn dieser Weg hinter einer weiß-roten Schranke an einem Wegestern links abbiegt, winkelt der Rheinsteig nach rechts (UTM 430779/5544150). Zum **Kloster Eberbach** ist es noch ½ Std. Weges. Eigentlich liegt es Luftlinie in Kussentfernung links von Ihnen, aber uneigentlich müssen Sie eben noch eine Weile laufen.

Nach einer Weile überquert man eine Autostraße bei einem Wegweiserpfahl »Sparngrund, 290 m NN«; UTM 430453/5543359. Nach 20 m zweigt man von dem asphaltierten Hangweg links ab und geht parallel zur Fahrstraße.

Wetterstation des DWD

Der weiße Lamellenkasten am rechten Rand des Weges gehört dem Deutschen Wetterdienst (DWD) und hilft tagtäglich durch seine Messungen von Luftdruck, Feuchte und Temperatur mit, Ihnen, verehrte Rheinsteigwanderer, ein halbwegs brauchbares Wetter für morgen vorherzusagen.

Hinter einer Linkskurve des lang gezogenen Asphaltweges kommt bei UTM 431468/5543592 ein Abzweig auf einen Fußweg nach rechts. Die Rheinsteig-Macher haben schon dafür gesorgt, dass nicht zu viel Asphalt unter die Wanderstiefel gerät. So soll ein Premium-Wanderweg sein! Ein hübscher Blick in das Rheintal von

Das Kloster Eberbach

1136 gründete Bernhard von Clairvaux, der französische Stifter des Zisterzienserordens (strengere Benediktiner), das Kloster Eberbach mit zunächst 12 Brüdern, das sich rasch auf mehr als 60, später auf über 100 Mönche vergrößerte. Schon 1142 ff. wurden weitere Tochterklöster gegründet. Eberbach war eines der größten und bedeutendsten Klöster in Mitteleuropa. Sein Abt erhielt 1401 Mitra und Ring, die bischöflichen Insignien, wurde jedoch kein Bischof. Die Mitra findet sich im Wappen. 1631 fielen die Schweden ein und richteten unermessliche Schäden an, ohne allerdings die romanischen und frühgotischen Gebäude zu zerstören. So blieben die dreischiffige romanische Basilika, der teils romanische, teils gotische Kreuzgang, das frühgotische Mönchsdormitorium (nur wenige in seiner Größe sind in Deutschland erhalten), der spätgotische Kapitelsaal und weitere Gebäude erhalten. 1803 wurde Eberbach säkularisiert und diente fortan u.a. als Munitionslager, als Irrenanstalt, als Gefängnis und anderen Zwecken. Vor Jahren beeindruckte es als Kulisse des Films »Im Namen der Rose« mit Sean Connery Zuschauer in aller Welt.
Das Weingut der Mönche umfasste im Mittelalter ca. 300 Hektar und war damit das größte in Europa. Jetzt ist es Teil der Hessischen Staatsweingüter, die die größte Anbaufläche in Deutschland besitzen. Das Kloster gehört heute in öffentlich-rechtlicher Form einer staatlichen Stiftung. Die Eintrittspreise dienen dem Erhalt der Anlage.

Mainz über die Pfalz bis zum Hunsrück gefällig? Hier haben Sie ihn.

☞ Wenn Sie den Empfehlungen dieses Buches folgend in Rüdesheim gestartet sind, dann haben Sie jetzt gut 23 km in den Beinen. Hunger? Durst? Sehnsucht nach einer Dusche? Zum Kloster Eberbach sind es nur noch ein paar hundert Meter ...

Am Ende eines waldfreien Hangs biegt rechts ein Trampelpfad ab. Hier sind an einem Pfahl mit Rheinsteigzeichen zwei Wege möglich. Bleiben Sie auf der Geradeaus-Spur. Sie haben nun wieder die ganze Weite des Rheintals vor sich – und rechts eine massive Mauer, sogar mit Schieferdach, die Teile der Staatsweingüter Eberbach bzw. das Kloster umschließt. An einem Torbogen sieht man noch ein bischöfliches Wappen von 1762, gekrönt von einer Mitra. Die Mönche und die geistlichen Fürsten haben schon immer darauf geachtet, dass Ihnen niemand die Trauben stibitzt – weder Mensch noch Tier. Sie aber gehen nicht zu der Mauer (außer aus Neugier), sondern nach links.

Kreuzen Sie nun wieder den Asphaltweg, den Sie vor einigen Minuten verlassen hatten, und gehen Sie schräg links auf einen Waldweg, den Sie an einem blauen Sicherungszaun oberhalb eines alten Steinbruchs entlang wandern. Während eines steilen Abstiegs, mehr oder weniger in der Direttissima, kreuzt man einen Fahrweg und muss weiterhin den Bremsgang einlegen. Noch eine gewaltige Eiche rechts neben Ihnen unmittelbar am Weg, die Jahrhunderte gesehen haben mag, und dann liegt es vor Ihnen: Das ▸ **Kloster Eberbach**. An der Klosterpforte zeigt das Satellitengerät UTM 431726/5543749.

Vom Kloster Eberbach nach Schlangenbad

Charakter: Zwei, drei länger ziehende, gelegentlich auch kurze, dann aber heftige Anstiege. Trotzdem ist die Strecke insgesamt angenehm und als ziemlich einfach zu bezeichnen. Sie schreckt einen Langstreckler, der sich auf die 300-km-Marke zu bewegt, nicht mehr. Und sie führt in eine neue Gegend, den Taunus, dessen Landschaft und Wege »irgendwie« anders und recht gemütlich sind.

Der Taunus ist irgendwie anders...

Man kann entweder durch das Klostergelände Eberbach oder außen herum gehen und kommt an der Klostermauer zu einem alten, verwilderten Friedhof mit einigen übrig gebliebenen Grabmonumenten. Hinter dem Friedhof kreuzt man über einen Steg den Eberbach, der mit seinem reichlichen und klaren Wasser, auf das die Zisterzienser immer großen Wert legten, dem Kloster seinen Namen gab. Rechts neben dem Steg, ganz verfallen, noch eine alte Furt. Nach kurzem steilem Anstieg kommt man auf einen Weg, dem man rechts folgt. Sie umgehen also teilweise die Klosteranlage im Uhrzeigersinn. Vor einer Schutzhütte biegen Sie rechts ab. Glück im Unglück: Unmittelbar neben der Hütte ist ein mächtiger Baum, innen total morsch, abgebrochen, ohne die Hütte zerschlagen zu haben. Bei Redaktionsschluss hingen noch große Teile der ehemaligen Baum-

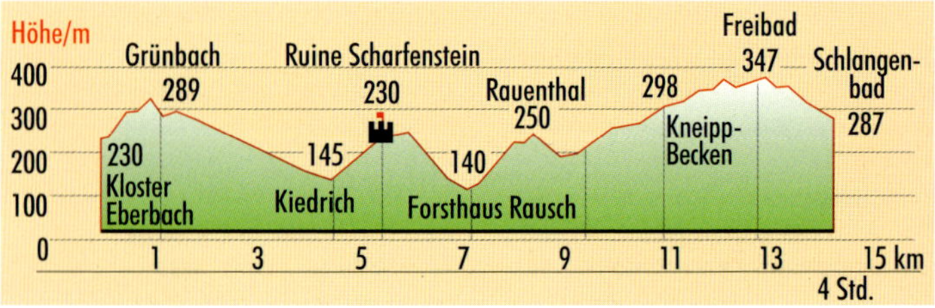

Unterkunftsmöglichkeiten

Kiedrich
Nassauer Hof, Bingerpfortenstr. 17; Tel. 06123-2476

Rauenthal
Hotel Weinhaus Engel, Hauptstr. 12; Tel. 06123-72300

Schlangenbad
Grüner Wald, Rheingauer Str. 33, Tel. 06129-2061;
Parkhotel, Rheingauer Str. 47, Tel. 06129-420
Rheingauer Hof, Mühlstr. 8; Tel. 06129-50610
Russischer Hof, Rheingauer Str. 37; Tel. 06129-2005

krone im Geäst anderer Stämme. Beim nächsten Starkwind – und es muss vielleicht noch nicht einmal Sturm sein – kommen hier die nächsten Stämme herunter. Man sieht es. Das Stück Weg ist möglicherweise nicht so harmlos wie es aussieht. Aufmerksamkeit kann geboten sein, jedenfalls wenn der Wind bläst.

Eine Treppe 30 m neben der Hütte lässt man links liegen. Die Höhe, die man eben mühsam erkraxelt hat, verliert man gleich wieder bergab. Der Rheinsteig ist und bleibt anspruchsvoll, nicht nur im Siebengebirge.

An einem lehrreichen Infostand »Kleine Holzkunde« verlässt man den Klosterbereich Eberbach end gültig und steigt links hinauf in den Wald. Einen kreuzenden Fahrweg lässt man unbeachtet und folgt dem Wanderzeichen »H 7« weiter bergan. Nach einer Weile wird der Kammweg überquert. Am Ende der Gefällestrecke gehen Sie über den zeitweise ausgetrockneten Grünbach, treten hinaus in Wiesen und Felder und

Wallfahrtskirche St. Valentinus und Dionysius in Kiedrich

Auf den Fundamenten eines romanischen Gotteshauses wurde 1380 die jetzige Kirche erbaut. 1460 erfolgte eine spätgotische Erweiterung mit großem Chor. Am Außenbau sieht man reiche Steinmetzarbeiten, besonders an Chor und Sakristei. Die Kirche hat ein ungewöhnlich vollständiges Inventar: Die Kanzel von 1493, der Lettner um 1490, drei gotische Flügelaltäre, zwei Renaissancealtäre sowie als Wallfahrtsziel die »Kiedricher Madonna« (um 1330). Das geschnitzte Laiengestühl stammt von 1510 und die älteste spielfähige Orgel Deutschlands von ca. 1500. Im sonntäglichen Hochamt kann man der »Kiedricher Gregorianik« lauschen, die nur noch hier vom Knabenchor, einem der ältesten in Deutschland, gesungen wird. Ein Besuch der Kirche lohnt sich, auch unter der Woche.

sehen die südliche Horizontlinie mit etlichen Hochhäusern optisch verschandelt. Der größte Klotz von allen ist das ZDF, der Rest sind Klinikgebäude.

Nachdem man sich dem Rheintal wieder ein gutes Stück genähert hat, kommt man bei einer grünen Wellblechhütte an einen Wegweiserpfahl »Grünbach 251 m NN«; UTM 433336/554405 und biegt 50 m weiter rechts ab in die

Die Fränkische Dorfschmiede in Kiedrich.

Weinfelder. Vom Abzweig aus sieht man geradeaus die Kirchturmspitze von **Kiedrich** und links daneben einen eigenartigen Sendemast mit einer Vielzahl von senkrechten Antennen. Dies ist eine sog. ▶ VOR.

Am nächsten Querweg in den Weinfeldern hält man sich »entgegen dem Wandergefühl« nach rechts zum Wald hin. Erst dort geht man auf Gegenkurs Richtung **Kiedrich**.

In ▶ **Kiedrich**, dem »Gotischen Schatzkästlein«, gibt es viele historische und gut erhaltene Fachwerkhäuser. Eines steht links in der Bingerpfortenstraße, die »Fränkische Schmiede«. Hinter einem Haus mit rotem Fachwerk biegt man rechts ab und hält am »Wiesbadener Platz«, einer Art Dorfplatz, schräg links auf die Kirche zu. Dort steht am Gasthaus Engel ein Wegweiserpfahl UTM 434378/5543593.

Vor der Kirche gehen wir in die Suttonstraße. Am Haus Nr. 12a biegen wir rechts ab in den Tränkweg. Wenn man, wie im echten Leben, ganz unten ist, geht es bald wieder bergauf – in unserem Fall zur Burgruine ▶ **Scharfenstein**. Zunächst gehen wir jedoch

Ruine Scharfenstein

Die Burg wurde 1160 als Kurmainzer Grenzbefestigung gebaut. Bald darauf diente sie der Familie Cratz von Scharfenstein für lange Zeit als Familiensitz. Eine Ahnfrau der Königin Luise von Preußen und damit der deutschen Kaiser war eine Scharfenstein. Der Turm der Ruine wurde im 20. Jh. restauriert, jedoch fallen neuerdings Steine herab, so dass er 2006 wieder gesperrt werden musste.

in der nächsten Rechtskurve am Bach links bachaufwärts. Das große Gebäude hinter einer hohen Einfassungsmauer ist ein Spezialkrankenhaus mit einer schrecklichen Vergangenheit im Dritten Reich. Dann überquert man den Bassenheimer Weg. Das prächtige Gebäude rechts ist der »Bassenheimer Hof«, gebaut 1660. Über der Toreinfahrt nicht nur das Wappen des Mainzer Dompropstes Adolf Hund von Saulheim, des Bauherren, sondern auch – damals war das wohl nötig – drei Schießscharten.

☞ Achtung! Sobald Sie den Kiedricher Bach nach rechts in einem S-Schlenker verlassen haben, müssen Sie vor dem Haus Nr. 18a rechts eine Treppe hinaufsteigen. Leider ist der Turm der Ruine Scharfenstein seit 2006 gesperrt. Hinauf müssen Sie trotzdem. Der Rundblick vom Turm wäre grandios.

Man umrundet den Turm, kommt an einen Wegweiserpfahl »Scharfenstein, 220 m NN«; UTM 434259/5544346 und hat nach **Schlangenbad** nur noch läppische 8 km vor sich. Auf geteertem Weg umrundet man das Tal.

Hinter einer Sitzgruppe hält man sich rechts und 20 m weiter links am Waldrand entlang. Auch hier wieder sehr deutlich zu sehen das Wanderzeichen »H 7« für »Hessenweg Nr. 7«. An der nächsten Wegegabel, 100 m weiter, hält man sich links. Bei einem kleinen Wegedreieck im Wald bleibt man

Burgruine Scharfenstein.

Die VOR's der Flugsicherung

VOR (Very high frequency omnidirectional range/UKW-Drehfunkfeuer) sind eine Einrichtung der Deutschen Flugsicherung, mit der diese den Flugzeugen in sehr weitem Umkreis den genauen Kurs bzw. Standort anzeigt. Ausnahmslos jede Passagiermaschine und viele, wenn nicht die meisten Kleinflugzeuge haben ein Gerät an Bord, mit dem sie die Richtung zum VOR-Sender bestimmen und damit ihren Flugweg präzise festlegen können. Das System wird weltweit angewandt, und wenn die chinesische Cathay Pacific vierstrahlig aus Hongkong anrauscht, findet der Kapitän sein Ziel Frankfurt/Main mithilfe der VOR's entlang seines Flugweges.

VOR-Antenne in den Weinbergen bei Kiedrich.

abermals links und biegt, nochmal 150 m weiter, rechts auf einen zweispurigen Fahrweg am Rande des Waldes ab. Ein schöner Rundblick folgt (UTM 434735/5544391).

Hinter einem Schafstall (man riecht sie, selbst wenn man sie nicht sehen sollte, die Schafe) orientieren Sie sich links (Wegweiserpfahl »Dicknet, 188 m NN«; UTM 435145/5544022) und gehen, vorbei an einem Sperrschild, links in den Wald und nach 50 Meter nochmals links in den zweiten und bergab führenden Weg.

Ein wenig talwärts taucht rechts des Weges ein schneeweißes Gebäude mit roten Balken («Neues Forsthaus«) auf. Man kommt auf dessen Zufahrt, die man 30 m weiter wieder links auf einen Trampelpfad hin verlässt. Wir sind auch hier auf dem Hessenweg Nr. 7, der von Kaub über Mainz und Darmstadt nach Erbach im Odenwald verläuft und 155 km lang ist. Rheinsteiggeher grüßt Hessenwanderer!

Nach einer Weile kommt unser Trampelpfad zurück auf die Fahrstraße und dort zum **Alten Forsthaus Rausch** (Einkehr ab 15 Uhr; am Wochenende ab 11 Uhr).

Etwa 200 m hinter dem Anwesen gabelt sich der Weg. Der Rheinsteig führt nach rechts in das Bachtal hinab. Jenseits geht man links weiter talaufwärts – buchstäblich, denn der Weg steigt. In einer Höhe von gut 200 m NN gabelt er sich bei UTM 435736/5545293 erneut. Unsere Wanderstrecke verläuft schräg links waagerecht. Man kommt an einen querenden Forstweg und einen Wegweiserpfahl »Rauenthal«; UTM 436180/5545766. Hier kann man geradeaus ein paar hundert Meter nach **Rauenthal** hineingehen oder hält sich links den Fahrweg entlang nach **Schlangenbad** (5 km).

Nun geht es gemächlich bergab, zurück zu unserem schon bekannten Bachtal, dem Buchwaldgraben und an dessen anderer Seite rechts weiter. Auch hier durchwandert man eine Idylle sondergleichen, so ganz anders als der Trubel im Rheintal. An einer Bank und vor einem Schlammtümpel verschwenkt der Rheinsteig über eine Rohrbrücke bei UTM 435676/5546245 nach rechts und sofort wieder nach links bergauf.

Ist Ihnen schon etwas aufgefallen? Die Luft riecht irgendwie anders, die Waldwiesen sind anders, die Bäume, der Bergrücken vor Ihnen, alles ist irgendwie anders: Wir sind im Taunus. Der nördlichste Punkt unserer heutigen Tagestour, nämlich **Schlangenbad**, ist nicht mehr fern.

Inmitten einiger großer Waldwiesen hält man sich an einer Bank rechts. An einer Futterstelle in einer weiteren lang gestreckten Wiese geht man vor einem eingezäunten Grundstück rechts und überquert abermals den Gr. Buchwaldgraben. Man bleibt für eine Weile auf dem Schotter-Fahrweg.

Unmittelbar hinter einer siebenpoligen Hochspannungsleitung biegt man scharf links ab. Man kommt an ein Kneipp-Wassertretbecken, an dem man nach rechts einkurvt.

Ein Weg bei einem Schild »Wasserschutzgebiet« bleibt unbeachtet. Vorbei an einer Schutzhütte kreuzt man bei UTM 435843/5548237 einen breiten Fahrweg und geht an einem auf einen Baum gepinselten Schild »266« geradeaus weiter. An der nächsten größeren Wegegabel hält man sich rechts. Nachdem Sie einen steilen Hang auf sicherem Trampelpfad gequert haben, stoßen Sie auf einen Forstweg, dem Sie nach links aufwärts folgen. Die St. Bardo-Hütte lassen Sie 50 m rechts liegen und steigen auf dem Forstweg moderat weiter. Lang gestreckt voraus sehen Sie einen Parkplatz mit vielen Autos. Er gehört zu dem großen Thermal-Schwimmbad von **Schlangenbad**. Hier zweigen Sie bei UTM 435679/5549228 schräg rechts ab. Gehen Sie also nicht auf den Parkplatz oder zu dem Bad. An einer Bank biegt man abermals rechts auf eine riesige Kastanie hin ab – und hat das ehem. Kurhaus und heutige Parkhotel von Schlangenbad in all seiner Pracht vor sich. Nun gehen Sie noch ein wenig rechts die Straße hinab und finden vor einem supermodernen Betongebäude (Tourist-Info am anderen Gebäudeende) den Rheinsteig-Wegweiserpfahl »Schlangenbad, 313 m NN«; UTM 435576/5549401.

Hier endet die heutige Tour.

Lochmühle Schlangenbad.

Vom Schlangenbad nach Wiesbaden

Charakter: Einfache Wanderung durch den Taunus, wenig nennenswerte Steigungen.

UNTERKUNFTSMÖGLICHKEITEN

Wiesbaden-Frauenstein
Gästehaus Barbara,
Burglindenstr. 4; Tel 0611-425459
Weintraube garni,
Quellbornstr. 92; Tel. 0611-425953

Restliches Wiesbaden
Wegen der Fülle von Unterkunftsmöglichkeiten bitte Informationen im Internet
www.wiesbaden.de
oder beim Tourist Service Wiesbaden (Tel. 0611-172977) einholen.

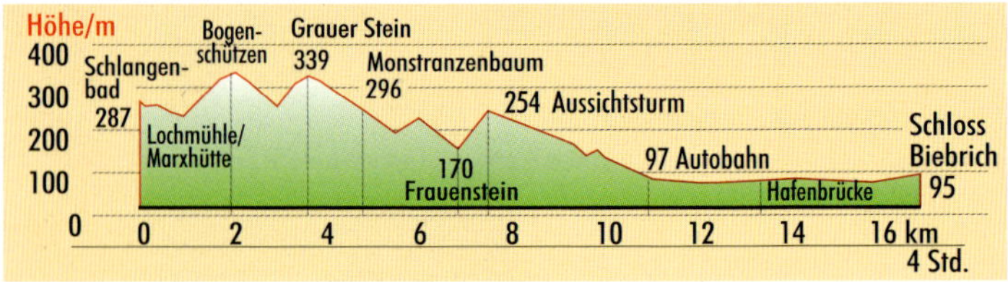

Von der Touristeninformation Schlangenbad geht man durch einen Park des ehemaligen Staatsbads (heute kommunal). Spazieren Sie durch die Mühlstraße und am Haus Nr. 2 links über eine Treppe hinab zur Talsohle (Georgenborner Weg). Die Walluf wird überquert, an deren Ufer Sie nach rechts gehen. Wir befinden uns hier in guter Gesellschaft mit dem Europäischen Fernwanderweg E 3 vom westlichsten Punkt Spaniens (Kap Finisterre) am Atlantik über Paris und die Ardennen bis an das Schwarze Meer. Ganz schön weit ...

Bald kommen Sie an ein Gebäude mit einem riesigen Wasserrad, die **Alte Lochmühle**. Das Rad wurde 1937 neu gebaut, die Mühle existierte seit 1698. Biegen Sie links ab, den Berg hinauf.

Bogenschiessen

Zielsicheres Bogenschießen ist eine jahrtausende alte Übung, früher für Krieg und Jagd, heute als Wettkampf-Sport. Funde belegen, dass die Menschen das Bogenschießen schon vor 30.000 Jahren kannten, sozusagen also die älteste Sportart überhaupt. Historisch berühmt sind die englischen Langbögen, die im 13. Jh. die effektivste Fernkampfwaffe darstellten und mit ihren Pfeilen leicht eine Ritterrüstung durchbohren konnten. Sogar 10 cm dicke Eichentore sollen sie durchschlagen haben. Die Treffsicherheit war enorm, die Ausbildung der Schützen sehr zeitaufwändig.

Früher wurden die Bögen aus Eibe oder Ulme gefertigt. Heute sind es Hightech-Geräte, mit denen olympisch auf 90 m oder weniger geschossen wird. Die Trefferquote liegt um die 100%. Jagd und Fischen mit Pfeil und Bogen sind in Deutschland verboten, weltweit jedoch noch vielerorts verbreitet. Bögen sind im Gegensatz zu Armbrüsten (das sind die Bögen mit einer Art Gewehrkolben) in der Bundesrepublik nicht waffenscheinpflichtig.

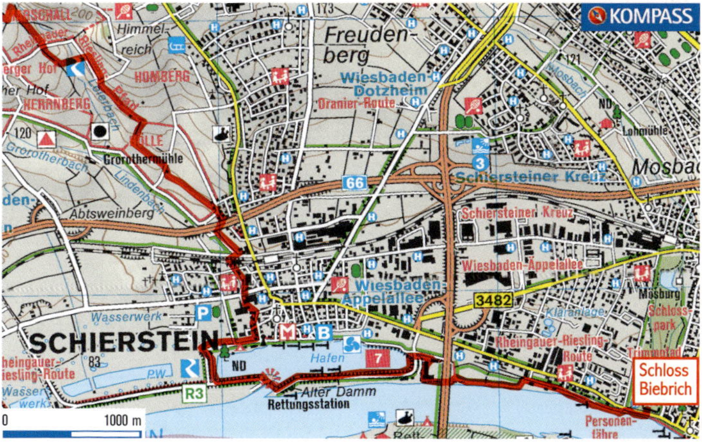

»1793« ist an einem Bauwerk etwas weiter oben zu lesen. Noch ein Stück weiter unterquert man die Brücke der B 260. Bei einem Schild »Regenentlastungsanlage« verlässt man den geteerten Weg und geht geradeaus weiter einen Trampelpfad hinauf.

Der Graue Stein.

breiteren Weg. Dem nächsten Fahrweg folgt man links bis an das Ende des Waldes. Einen vorher von rechts kommenden breiten Weg lässt man unbeachtet. Am Waldende steht ein Wegweiserpfahl »Unterfeld, 332 m NN«; UTM 437223/5548320. Erst dort biegt man rechts ab. ▶ 100 m weiter sehen Sie links des Weges merkwürdige schräg gestellte Räder auf Gestellen. Wir gehen hier am Rande eines Bogensportgeländes; die Räder sind Schießscheiben.

300 m weiter können Sie rechts, versteckt im Wald, Felsformationen sehen, an denen man gut ablesen kann, wie sich das Gebirge im Laufe der Jahrmillionen aufgefaltet hat. Ursprünglich waren es ja einmal waagerechte Ablagerungsschichten.

Am Ende der Wiesen und Felder gelangt man an ein Bächlein, das man auf einer Rohrbrücke nach links quert, um ihm 30 m weiter rechts in die Felsen hinein zu folgen. An einer Schutzhütte taucht ein mächtiger Felsbrocken auf: Der ▶ **Graue Stein** (UTM 438018/5547828). Man geht an ihm entlang.

Vom Grauen Stein geht man nun

Wenn es in dieser Gegend einmal im Gebüsch oder Unterholz raschelt, kann das durchaus eine fast zwei Meter lange Schlange sein. Sie kennen sie schon lange: Es ist die Äskulapnatter, die sich um den Stab der Mediziner schlängelt. Sie ist ungiftig und für den Menschen völlig ungefährlich. Hier ist eines der wenigen deutschen Biotope, in denen die Tiere relativ reichlich vorkommen.

Wenn man weiter oben an die Häuser von **Georgenborn** kommt, biegt man, vorbei an einem Kfz.-Sperrschild, rechts ab und hält sich zehn Meter weiter an einer Wegegabel nach rechts auf den immer geradeaus, bis man an die Landstraße L 3441 gelangt. Rechts steht der **Monstranzenbaum**, ein uralter toter Baumstamm von 1½ m Durchmesser mit abgesägten Ästen, von Kletterpflanzen überwuchert, sowie ein Wegweiserpfahl mit UTM 438488/5547299. Zum Schloss Biebrich biegt man rechts ab und geht später an einer querenden Waldstraße weiter geradeaus. Hinter einer Wildsuhle kreuzt der Rheinsteig einen Bach bei UTM 438725/5546265.

Der traumhafte Weg durch das Bachtal an Pferdekoppeln und Auenbewuchs entlang biegt bei UTM 438892/5546051 nach links ab. An einem Weidezaun sieht man ein Schild »Schlangenpfad« mit Hinweis auf die auch hier recht häufig vorkommende Äskulapnatter (Elaphe Longissima), die aus dem Mittelmeerraum stammt und in Deutschland an vier Standorten vorkommt – einer davon hier. Sie ist sehr Wärme liebend und man vermutet, dass römische Soldaten sie als Talisman oder Mäusefänger oder beides mit nach Germanien gebracht haben.

Jenseits des Baches geht es nun geradeaus bergauf. Die Trockenmauer ein Stück weiter oben ist sicherlich schon Jahrhunderte alt. Plötzlich hat man wieder einen Ausblick auf das ZDF-Gebäude und die Unikliniken Mainz.

Kurz hinter dem Aussichtspunkt zum anderen Rheinufer stößt man auf einen Fahrweg, dem man nach links folgt (UTM 439181/

Der Graue Stein

Dieser Felsbuckel aus Quarzit, das ursprünglich aus Ablagerungen am Meeresboden durch großen Druck und Hitze entstand, ist sehr witterungsbeständig. Er wurde vor 320 Millionen Jahren durch Urgewalten empor gedrückt und sieht aus wie der australische »Ayers Rock in klein« oder ein gestrandeter Wal.

Abgestorbener Monstranzenbaum.

Frauenstein mit Burgturm.

terhin an einem grünen Maschendrahtzaun bleibt. Sie gelangen alsbald in eine Art Pflanzentunnel, kommen an die ersten Häuser von **Frauenstein**, dem westlichsten Stadtteil von Wiesbaden, biegen um eine Häuserecke (mit dem Gefühl, falsch gelaufen zu sein und in einem Hinterhof zu landen) und halten zweimal rechts auf die Kirche zu.

Beachten Sie hier das hübsche Fachwerkhaus zur rechten Hand, eines der ältesten Gebäude weit und breit.

Vor der Kirche sehen

5545971). An der Wegegabel zehn Meter weiter hält man sich geradeaus bergauf. Zum Ziel unserer langen Reise sind es nun noch ungefähr zehn Kilometer oder, wie ein Pilot melden würde: »Six miles out«. Seefahrer und Flieger rechnen noch heute in Meilen, wobei es tückischerweise die Seemeile mit 1854 m und die »Statute mile« mit 1609 m gibt.

Wir haben unbemerkt **Schloss Sommerberg** umrundet, kreuzen die Landstraße L 3441 in Richtung auf die Sendeanlage, an der man sich links hält. *Achtung!* Hinter den Schrebergärten biegt man unter einer dreipoligen Stromleitung scharf rechts ab, so dass man wei-

Sie ein Naturwunder, die »Blutlinde«, die gut 1000 Jahre alt sein soll. Der Legende nach wurde sie von der Tochter eines Ritters gepflanzt, als dieser deren Liebsten tötete. Der Bergfried, zu dem Sie nun gehen werden, kann damit nichts zu tun haben, denn er wurde erst um 1200 herum gebaut und diente als Wachturm. Unterhalb des Turmes geht man die Hauptstraße (Kirschblütenstraße) nach links und 50 m weiter die Burglindenstraße nach rechts. Die Weinkelter auf dem dreieckigen Platz stammt von 1937. Sie können eine Treppe zum Fuß des Turmes emporsteigen, übrigens einem der ältesten Bauwerke Wiesbadens, jedoch lohnt sich das eigentlich nicht. In den Turm kann man nicht hinein.

Vor dem Gasthof »Zur Linde« führt der Rheinsteig eine Treppe empor. Nach kurzem heftigem Aufstieg geht man an einer Bank rechts und steigt immer weiter, einen Fahrweg kreuzend. Am Ende der eingezäunten Grundstücke biegt man scharf rechts auf einen breiteren Weg ab, den man nach 50 m schon wieder nach links verlässt. Über einen Gratweg gelangt man zu einem hölzernen Aussichtsturm. Wer hätte gedacht, dass man heute noch einmal ins Schwitzen kommt! Von seiner Plattform hat man an klaren Tagen einen weiten Blick zum Hunsrück, in die Pfalz, zum Odenwald und natürlich in die Höhen des Taunus und zum Feldberg. Leider ist der Turm nicht hoch genug, um wirklich überall über die Baumwipfel hinweg zu lugen.

Man verlässt den Turm auf breiterem Weg in östlicher Richtung. Wenig später gelangt man zu einem Goethedenkmal, einer obeliskartigen Steinesäule. Hier weilte Goethe (1749-1832) am 6. Juli 1815 mit 66 Jahren und nicht, wie man ein Schild falsch deuten könnte, dreißigjährig.

Der Teerweg zieht sich nun hinunter zu den ersten Häusern: rechts Weinfelder, links Streuobstwiesen. Auch hier kommt die Äskulapnatter vor. Unter einer dreipoligen Stromleitung biegt man vor den ersten Grundstücken links ab, passiert die altbeliebte Gaststätte »Hof Nürnberg«, die schon Goethe besuchte (Ruhetag Donnerstag) und biegt schräg links ab in eine Straße »30 km/h, Zone« (UTM 440217/5545943). 150 m weiter schwenkt man rechts ab in einen Feldweg und unterquert die Stromleitung abermals. Nach einer kleinen Weile durch Streuobstwiesen kommen Sie an einen zweispurigen Feldweg, dem Sie links folgen. Wieder 150 m weiter stoßen Sie auf eine Schotterstraße.

Neuer Kurs: rechts. Die Schiersteiner Rheinbrücke kommt wenig später in Sicht. Vorbei an einer überdachten Sitzgruppe geht man geradeaus weiter und sieht fern am Horizont bei schönem Wetter den Odenwald.

An einer Baum/Buschgruppe gabelt sich der Weg. Man geht

Goethedenkmal am Spitzen Stein.

Hafen Schierstein.

links in Richtung auf den Gegenhang. Im Talgrund steht ein Wegweiserpfahl »Leierbach, 140 m NN«; UTM 440963/5545736. Hier geht es rechts ab. An einer Gruppe von Weidenbäumen gehen Sie links und überqueren den nicht zu sehenden, aber sicherlich vorhandenen Bachlauf.

Sobald der Feldweg auf eine schmale Asphaltstraße (vielleicht 150 m vor einer Hochspannungsleitung) trifft, biegt man links ab nach oben. Rechter Hand an diesem Abzweig liegt ein interessantes Biotop, das auf einer Tafel erklärt wird. Lesenswert, wenn man sich für Natur interessiert.

Der nachfolgende Aufstieg dauert nicht lange, nur etwa 100 Streckenmeter, und schon geht es wieder eben nach rechts in die Weinfelder und hin zu Wochenendgrundstücken. Zwischen diesen geht man im Zick-Zack weiter. Am Ende der Gärten, nunmehr schon etliche Meter hinter der Hochspannungsleitung, biegt man rechts und 50 m weiter links ab. Man ist abermals inmitten vieler Gartengrundstücke. Viele Parzellen sehen so aus, als seien sie noch zu verpachten.

Hinter einer Leitung mit nur einem Kabelstrang biegt man am Mast 3813 rechts ab. 100 Meter weiter unterquert man links die Autobahn A 66. Man gelangt an die Eisenbahnstrecke Koblenz-Wiesbaden und an einen Rheinsteigwegweiser »Feldchen, 93 m NN«; UTM 422153/5544225. Hier biegt man rechts ab. Bei dem nächsten Durchlass unter den Gleisen folgt man dem eingemauerten Bach. Das war einmal der idyllische Leierbach, jetzt Lindenbach. Nun ist er nur noch eine Entwässerung.

50 m bevor Sie an die Hauptverkehrsstraße Söhnleinstraße mit Sperrzäunen kommen, sollten Sie am Laternenpfahl Nr. 13 (kein Witz!) rechts zwischen die Mietskasernen abbiegen. Noch einmal 100 m weiter gehen Sie die Neckarstraße links auf die Ampeln zu und überqueren die Söhnleinstraße.

Allerdings könnten Sie genauso gut dem Bachlauf bis zur Söhnleinstraße folgen und diese dann nach rechts bis zu den Ampeln weiter marschieren. Links in den

Fabrikgebäuden können Sie sicherlich Söhnlein Sekt und Henkell trocken probieren.

Man kommt durch die Kleinaustraße an den **Schiersteiner Hafen** (Wegweiserpfahl 92 m NN, UTM 44 2099/5543602). In der Straßenkurve führt der Rheinsteig geradeaus zum Hafenbecken und dann rechts auf den Zielturm zu. Man umgeht das Hafenbecken, eine ideale Regattastrecke, entgegen dem Uhrzeigersinn, überquert den Deich und geht 200 m geradeaus zum Rhein. Diesem folgt man stromauf nach links Richtung **Schiersteiner Brücke** (Rheinsteig-Wegweiser »Walluf«, UTM 441931/5543176.

Wann waren wir das letzte Mal so nahe am Wasser? Lang ist es her, aber der Fluss riecht noch immer so gut!

Es war nicht ganz richtig gedacht, dass das Steigen dieser Reise am Goethedenkmal ein Ende habe. Die elegant geschwungene weiße Brücke an der DLRG-Station müssen wir noch bezwingen. Jenseits der Brücke geht es weiter stromaufwärts. Nach dem Passieren von Industriesilos kommt man an einen städtischen Wegweiser »Biebrich«. Folgen Sie diesem, vorbei am Raiffeisenhochhaus. Am Ende der Auenwiesen biegt man an einem Wohnwagenplatz links ab, geht dann wieder rechts und schließlich zurück auf den Uferpfad. Sie kommen an eine Uferpromenade mit einem Wegweiser »Schlossplatz/Wiesbaden Innenstadt«, halten sich links, überqueren einen Fußgängerüberweg und sehen das **Schloss Biebrich** vor sich.

Geschafft!

Das Ziel ist erreicht: Schloss Biebrich

Wenn Sie die gesamte Strecke von Bonn bis Wiesbaden-Biebrich durchwanderten, gratulieren Verlag und Autor Ihnen besonders herzlich! Auch wenn Sie nur Teilstrecken dieses deutschen Premium-Wanderweges durchmessen haben, sagen wir ebenfalls »Glückwunsch!«, denn er war nicht leicht. Spaziergänger duldet der Rheinsteig nicht, weder im Siebengebirge noch an den Hangkanten des engen Mittleren Rheintals und auch nicht auf so manchem steilen und/oder langen Anstieg. – Sie sind eine echte Wanderin, ein echt Wanderer.
Klaus Ernst

(Seitenzahlen)